DIE

VOLLMACHT DES PROKURISTEN

VON

DR. IUR. WALTHER THOMAS

LEIPZIG
VERLAG VON VEIT & COMP.
1906

Leipziger juristische Inauguraldissertation.

Druck von Metzger & Wittig in Leipzig.

MEINEN LIEBEN ELTERN

IN DANKBARER VEREHRUNG

Literatur.

ALLFELD: ANSCHÜTZ und VON VÖLDERNDORFF, Kommentar zum allgemeinen deutschen Handelsgesetzbuche. 2. Aufl. 1895 von ALLFELD.

Seuff. Arch.: Archiv für Entscheidungen der obersten Gerichte in den deutschen Staaten. Neue Folge.

BUSCH: Archiv für Theorie und Praxis des allgemeinen deutschen Handels- und Wechselrechts.

Arch. Z. Pr.: Archiv für die zivilistische Praxis.

STRIETHORST: Archiv für Rechtsfälle, die zur Entscheidung des königlichen Obertribunals gelangt sind.

BEHREND: Lehrbuch des Handelsrechts. 1886.

GRUCHOT: Beiträge zur Erläuterung des deutschen Rechts.

BIE: Über die Kollektivprokura. Diss. Leipzig 1894.

BIRKMEYER: Enzyklopädie der Rechtswissenschaft. 2. Aufl. 1904.

Seuff. Bl.: Blätter für Rechtsanwendung.

BOLZE: Die Praxis des Reichsgerichts in Zivilsachen.

BORGER: Der Inhalt der Vollmacht des Prokuristen. Diss. Leipzig 1903.

COSACK: Lehrbuch des Handelsrechts. 6. Aufl. 1903.

COSACK B. R.: Lehrbuch des deutschen bürgerlichen Rechts. 4. Aufl. 1903/04.

CROME: System des deutschen bürgerlichen Rechts. 1900.

Das Recht: Rundschau für den deutschen Juristenstand.

Denkschrift: Zum Entwurf eines Handelsgesetzbuches. 1897.

DERNBURG: Das bürgerliche Recht des deutschen Reichs und Preußens. 2. bzw. 3. Aufl. 1902ff.

DERNBURG Pand.: DERNBURG, Pandekten. 7. Aufl. 1902.

D. J. Z.: Deutsche Juristen-Zeitung.

DÜRINGER: DÜRINGER und HACHENBURG, Das Handelsgesetzbuch vom 10. Mai 1897 auf der Grundlage des bürgerlichen Gesetzbuches. 1. Bd. 1899.

ENDEMANN: Handbuch des deutschen Handels-, See- und Wechselrechts. 1881.

ENDEMANN BR.: Lehrbuch des bürgerlichen Rechts. 1. Bd. 9. Aufl. 1903.

ENNECC.-J: ENNECCERUS und JAEGER, Lehrbuch des bürgerlichen Rechts. 3. Aufl. 1905.

ENNECC.-L.: ENNECCERUS und LEHMANN, desgl. 2. Aufl. 1901.

RG.: Entscheidungen des Reichsgerichts in Zivilsachen.

RGStr.: Desgl. in Strafsachen.

EFG.: Entscheidungen in Angelegenheiten der freiwilligen Gerichtsbarkeit und des Grundbuchrechts. Zusammengestellt im Reichsjustizamte.

ROHG.: Entscheidungen des Reichsoberhandelsgerichts.

FITTIG: Die rechtliche Stellung des Prokuristen. Diss. Erlangen 1904.

FUCHSBERGER: Sämtliche Entscheidungen des Reichsoberhandelsgerichts und des Reichsgerichts auf dem Gebiete des Handelsrechts. 3. Aufl. 1900.

GAREIS: Das deutsche Handelsrecht. 7. Aufl. 1903.

GAREIS HGB.: Handelsgesetzbuch vom 10. Mai 1897 mit Anmerkungen. 1905.

GOLDMANN: Das Handelsgesetzbuch vom 10. Mai 1897. 1. Bd. 1901.

v. HAHN: Kommentar zum allgemeinen deutschen Handelsgesetzbuche. 4. Aufl. 1894.

HEINTZ: Vergleichende Studien über die Rechtsverhältuisse der Prokuristen, Handlungsbevollmächtigten usw. Diss. Erlangen 1899.

HOLTZENDORFF-KOHLER: Enzyklopädie der Rechtswissenschaft in systematischer Bearbeitung. 6. Aufl. 1904.

IHERING: Jahrbücher für die Dogmatik des bürgerlichen Rechts.

JOHOW: Jahrbuch für Entscheidungen des Kammergerichts in Sachen der nichtstreitigen Gerichtsbarkeit und in Strafsachen.

JW.: Juristische Wochenschrift.

KAUFMANN: Handelsrechtliche Rechtsprechung. 6. Bd. 1906.

Kr. V.: Kritische Vierteljahrsschrift für Gesetzgebung und Rechtswissenschaft.

LEHMANN-R.: LEHMANN und RING, Das Handelsgesetzbuch. 1. Bd. 1899.

v. LISZT: Lehrbuch des deutschen Strafrechts. 12. und 13. Aufl. 1903.

MAKOWER: Handelsgesetzbuch mit Kommentar. 1. Bd. 12. bzw. 13. Aufl. 1901 bzw. 1906.

MSchr.: Monatsschrift für Handelsrecht und Bankwesen, Steuer- und Stempelfragen. Neue Folge der Monatsschrift für Aktienrecht.

NEUMANN: Handausgabe des bürgerlichen Gesetzbuchs. 4. Aufl. 1905.

PLANCK: Bürgerliches Gesetzbuch nebst Einführungsgesetz. 3. Aufl. 1904 ff.

RSprOLG.: Rechtsprechung der Oberlandesgerichte.

S. Arch.: Sächsisches Archiv für Rechtspflege (bzw. für bürgerliches Recht und Prozeß).

SCHRÖDER: Zur Lehre von den gesetzlichen Veräußerungsverboten. 1875.

STAUB: Kommentar zum Handelsgesetzbuch. 6. und 7. Aufl. 1900.

STEGMANN: Beitrag zur Lehre von der Prokura. Diss. Erlangen 1905.

THÖL: Das Handelsrecht. 6. Aufl. 1879.

WARNEYER: Jahrbuch der Entscheidungen auf dem Gebiete des Zivil-, Handels- und Prozeßrechts.

WINDSCH.: WINDSCHEID-KIPP, Lehrbuch des Pandektenrechts. 8. Aufl. 1900.

GOLDSCHMIDT: Zeitschrift für das gesamte Handelsrecht.

ZBlFG.: Zentralblatt für freiwillige Gerichtsbarkeit und Notariat sowie Zwangsversteigerung.

Einleitung.

§ 1.

Das Wesen der Vollmacht.[1]

Der Vollmachtsbegriff gehört vorwiegend dem bürgerlichen Rechte an; aus dem Bürgerlichen Gesetzbuche (§§ 164 ff.) bestimmt sich das Wesen der Vollmacht auch für das Handelsrecht.

Nach BGB. § 166 Abs. 2 ist Vollmacht die „durch Rechtsgeschäft erteilte Vertretungsmacht". Daraus ergibt sich: Die Vollmacht ist nur eine Gattung der Vertretungsmacht; ihr Wesen bestimmt zugleich, wer das Wesen der Vertretungsmacht schlechthin bestimmt.

I. Die Vertretungsmacht hat gemäß § 164 BGB. die Bedeutung, daß eine in ihren Grenzen vom Vertreter im Namen des Vertretenen abgegebene (oder empfangene) Willenserklärung unmittelbar für und gegen den Vertretenen wirkt. Hierin — in der unmittelbaren Überleitung der Rechtswirkungen eines vom Vertreter als solchem (oder ihm gegenüber) vorgenommenen Rechtsgeschäfts auf den Vertretenen — liegt ihr Wesen. Das will besagen: Das Wesen der Vertretungsmacht besteht in ihrer Funktion nach außen, dem Dritten gegenüber, im Verhältnis zu welchem die vom Vertreter (oder ihm gegenüber) vorgenommenen Rechtsgeschäfte als unmittelbar vom Vertretenen (oder ihm gegenüber) vorgenommene Rechtsgeschäfte gelten sollen: fiktive Einheit[2,3] der Personen des Vertreters und des Vertretenen.

---

[1] Siehe die Literaturangaben bei Endemann BR. I S. 392, 401, sowie bei Dernburg I S. 468 ff.

[2] Kohler — bei Holtzendorff-Kohler I S. 597 — bezeichnet diese Fiktion als Personifikation. Gegensatz: Repräsentation. Vgl. Dernburg I S. 273 ff., insbesondere S. 274: „Das Geschäft wird . . . durch den Willen beider erzeugt", und Windscheid I S. 302 ff. Vgl. auch Laband bei Goldschmidt 10 S. 193: „Es sind nicht zwei Willen, die gleichsam füreinander fungibel sind, sondern die zueinander addiert werden müssen . . ."

[3] Vgl. § 166 BGB.; Ausnahme bei Vorliegen der dort bezeichneten Umstände nur in der Person des Vertretenen im Falle BGB. § 166 Abs. 1. Weitere Ausnahme: § 174 BGB.

Diese Fiktion besteht zu Gunsten wie zu Lasten des Dritten: Er darf nicht nur, er muß sogar den Vertreter dem Vertretenen gleichachten. Darin — das verdient nachdrückliche Hervorhebung — unterscheidet sich die Vertretungsmacht von bloßer Legitimation; denn diese wirkt nur[1] zugunsten des Dritten, hat insbesondere nie schuldbegründende, sondern nur schuldbefreiende Funktion.[2]

II. Das in ihrer Funktion nach außen begründete Wesen der Vertretungsmacht trennt das Vertretungsmachtsverhältnis scharf von dem etwa zwischen Vertreter und Vertretenem bestehenden inneren Rechtsverhältnisse.

Dies gilt insbesondere bei der Vollmacht[3] bezüglich des ihrer Erteilung etwa zugrunde liegenden Rechtsverhältnisses, mag dieses auf Auftrag, Dienstvertrag, Werkvertrag oder Gesellschaftsvertrag usw. beruhen. Denn dieses regelt nur Rechte und Pflichten der Parteien gegeneinander, nicht das Verhältnis zu Dritten. Daraus ergibt sich:

1. Die Vollmachtserteilung[4] ist stets ein besonderes[5] (nämlich richtiger Ansicht nach ein einseitiges,[6] nicht empfangsbedürftiges[7]) Rechtsgeschäft.

Sie kann zwar im Zusammenhang mit der Begründung des inneren Rechtsverhältnisses erfolgen, sie kann sich sogar — Vollmachtserteilung durch konkludente Handlung[8] — aus dem Ab-

---

[1] Gleichwohl bezeichnet Endemann BR. I S. 402 die Vertretungsmacht als Legitimation. Ebenso Staub I S. 203: „Vollmacht ist die äußere, Dritten gegenüber in die Erscheinung tretende Seite des Auftrags, die Legitimation."

[2] Aus diesem Grunde wird als legitimiert der Dritte bezeichnet von Krüger, Legitimationsurkunden im geltenden Zivilrecht. Diss. Leipzig 1902.

[3] Vgl. Laband bei Goldschmidt 10 S. 203ff.; Dernburg I S. 473ff.; Staub I S. 203 (beachte jedoch Anm. 1 oben).

[4] Über einen weiter gefaßten Begriff der Ermächtigung vgl. Ennecc.-J. I S. 473ff.

[5] Goldmann I S. 209.

[6] Dernburg I S. 474. A. A. Laband bei Goldschmidt 10 S. 208 und für die Prokura Düringer I S. 166.

[7] Dernburg I S. 475.

[8] Unzulässig bei der Prokura: § 48 HGB.

schluß des unterliegenden Rechtsgeschäfts ergeben, ihrer begrifflichen Sonderung tut solches rein äußerliche Zusammenfließen keinen Eintrag.

2. Diese Scheidung erstreckt sich auch auf den Inhalt: Rechte und Pflichten der Parteien werden durch das innere Rechtsverhältnis erschöpfend geregelt; ihre Normierung fällt aus dem Rahmen der Vollmachtserteilung heraus. Insbesondere leuchtet ein, daß die Vollmachtserteilung als einseitiges Rechtsgeschäft unfähig ist, eine Verpflichtung des Bevollmächtigten zur Vertretung zu begründen.[1]

III. Nicht berühren das unter I. festgestellte Wesen der Vertretungsmacht die Beziehungen, in denen sie zu dem etwa[2] unterliegenden Rechtsverhältnisse steht. In Sonderheit ist es für das Wesen der Vollmacht unerheblich, ob man ihr (bzw. der Vollmachtserteilung) abstrakten oder kausalen, absoluten oder akzessorischen Charakter zuerkennt;[3] denn dadurch wird nur die Frage nach dem Vorhandensein und Umfang der Vollmacht betroffen, nicht aber die Frage nach der Wirkung (und damit dem Wesen) vorhandener Vollmacht von bestimmtem Umfang.

Doch mag hier festgestellt werden, daß Bevollmächtigung und Vollmacht, da eben ihr Wesen von diesem Charakter nicht abhängt, willkürlich vom Vollmachtgeber mit abstraktem[4] (bzw. absolutem[5] oder mit kausalem (bzw. akzessorischem) Charakter ausgestattet werden können.

IV. Vollmacht ist gewillkürte Vertretungsmacht. Ihre Begründung unterscheidet sie von der Vertretungsmacht, deren Entstehung vom Gesetze an gewisse äußere Umstände dergestalt[6] geknüpft ist, daß sie teils mit deren Vorliegen unmittelbar in Erscheinung tritt, teils auf Grund des Vorliegens dieser Umstände von Amts wegen zu erteilen ist.

---

[1] Borger S. 8; vgl. Lehmann bei Birkmeyer S. 636.

[2] Laband bei Goldschmidt 10 S. 205.

[3] Darüber vgl. Dernburg I S. 476, 478; Endemann BR. I S. 402ff. 408, insbesondere Anmerkung 5 zu § 81; Planck I S. 216ff.

[4] Planck I S. 216ff.; Ausnahme bei der Prokura (unten § 9).

[5] Beide Alternativen sind nicht identisch.

[6] Vgl. Endemann BR. I S. 392.

§ 2.

Das Wesen des Prokuristen.

Der Begriff des Prokuristen bestimmt sich ausschließlich nach Handelsrecht (§§ 48 ff. HGB.). Der Prokurist ist ein Bevollmächtigter[1] des Handelsrechts.

I. Er ist Bevollmächtigter; er leitet seine Vertretungsmacht nicht unmittelbar (vgl. oben § 1 IV.) aus dem Gesetze ab. Vielmehr bedarf die Prokura der Erteilung durch den Inhaber des Handelsgewerbes oder seines gesetzlichen Vertreters (HGB. § 48 Abs. 2). Der Prokurist ist gewillkürter Vertreter.

Da es für das Wesen jeder gewillkürten Vertretungsmacht unerheblich ist, ob ihrer Erteilung ein anderes Rechtsverhältnis zugrunde liegt und in welchen Beziehungen sie dazu steht (vgl. oben § 1 III.), so ist es denkbar, daß der Prokurist in einem inneren Verhältnis zu dem von ihm vertretenen Kaufmann überhaupt nicht steht, so daß er namentlich nicht in dessen Handelsgewerbe als Handlungsgehilfe angestellt[2] zu sein braucht. Regelmäßig[3] wird er allerdings gleichzeitig Handlungsgehilfe des Prokuraerteilers sein.

II. Der Prokurist ist zum Betriebe eines Handelsgewerbes ermächtigt (HGB. § 49 Abs. 1; vgl. § 54 Abs. 1), d. h. er ist ein Bevollmächtigter für den Handelsverkehr. Darin steht er dem Handlungsbevollmächtigten der §§ 54 ff. HGB. gleich.

Der Streit darüber jedoch, ob der Prokurist Handlungsbevollmächtigter sei oder nicht,[4] ist rein terminologisch und darum müßig; denn auch wenn man den Prokuristen als qualifizierten „Handlungsbevollmächtigten" auffaßt, so darf man doch die erheb-

---

[1] Thöl I S. 190; Goldmann I S. 209, 211. Aus der Vollmachtsnatur der Prokura rechtfertigt sich die Voranstellung der im § 1 enthaltenen Ausführungen über das Wesen der Vollmacht.

[2] Gareis S. 104; Goldmann I S. 222; Staub I S. 203, 219; Thöl I S. 196, 199, 200; ROHG. 7 S. 299.

[3] Gareis S. 104; Lehmann-R. I S. 132.

[4] Vgl. Borger S. 1 ff.

lichen Unterschiede beider Kategorien handelsrechtlicher Bevollmächtigter nicht übersehen und muß daran festhalten, daß das Handelsgesetzbuch dem Handlungsbevollmächtigten eine wesentlich andere Rechtsstellung zugewiesen hat, als dem Prokuristen. Eine terminologische Vermengung beider Rechtsinstitute ist überflüssig und verwirrend; daher soll in dieser Abhandlung die gesetzliche Terminologie gewahrt bleiben.

Der Unterschied des Prokuristen vom Handlungsbevollmächtigten betrifft folgende Punkte:

Den Umfang der Prokuristenvollmacht, der über den (nicht durch Parteiwillkür erweiterten) gesetzlichen Umfang der Handlungsvollmacht hinausgeht,[1] bestimmt zwingendes[2] Recht.

Namentlich ist der gesetzliche Umfang der Prokura der Beschränkung,[3] aber auch — richtiger Ansicht nach — der Erweiterung[3] durch Rechtsgeschäft nicht zugänglich.

Einen Prokuristen kann nach § 4 HGB. nur der Vollkaufmann[4] (oder dessen gesetzlicher Vertreter),[5,6] nicht aber dessen Prokurist[7] bestellen; die eingetragene Genossenschaft kann einen Prokuristen nicht bestellen (Reichsgesetz vom 1. Mai 1889 § 40 Abs. 2).

Die Prokura muß durch ausdrückliche[8] Willenserklärung erteilt werden; ist jederzeit widerruflich[9] (Erteilung in rem suam ausgeschlossen[10]), eintragungsfähig[11] und eintragungspflichtig.

---

[1] Vgl. § 49 HGB. mit §§ 54, 58 und unten § 4.

[2] Stegmann S. 13; Fittig S. 12.

[3] Siehe unten § 9.

[4] Heintz S. 20. Nicht notwendig ist beim Mußkaufmann dessen Eintragung: Goldmann I S. 221; Staub I S. 204.

[5] Düringer I S. 175.

[6] Können Liquidatoren einen Prokuristen bestellen? Vgl. Cosack S. 520; Düringer I S. 175; Goldmann I S. 220ff.; Lehmann-R. I S. 132; Makower I S. 169ff.; Staub I S. 204; ROHG. 13 S. 224.

[7] Vgl. unten § 8.

[8] HGB. § 48 Abs. 1; vgl. Düringer I S. 175, RG. 1 S. 8ff.

[9] HGB. § 52 Abs. 1; vgl. Düringer I S. 180.

[10] Anders Schneider, Beitrag zur Lehre von der Prokura. Diss. Erlangen, 1895.

[11] Vgl. unten § 4.

Nur an den Tatbestand der Prokuristenvollmacht knüpft das Gesetz den Gebrauch der Bezeichnungen „Prokurist" und „Prokura".[1]

III. Der Prokurist ist als solcher zwar stets Vertreter eines Kaufmanns, aber nicht selbst Kaufmann;[2] er betreibt zwar ein Handelsgewerbe (HGB. § 1 Abs. 1), aber er betreibt es nicht selbständig (zu beachten auch HGB. § 52 Abs. 1), sondern in fremdem Namen: Ein anderer betreibt durch ihn. Darum (§ 165 BGB.) kann Prokurist auch eine in der Geschäftsfähigkeit beschränkte Person sein.[3]

§ 3.

Die Vollmacht des Prokuristen; Rechtsquellen; die Aufgabe.

Der Satz, daß die Prokura eine Vollmacht ist, bringt deutlich das Ineinandergreifen zweier Rechtsquellen zu Bewußtsein: Der einen (dem Bürgerlichen Gesetzbuche) gehören die Rechtssätze über die Vollmacht, der anderen (dem Handelsgesetzbuche) die Vorschriften über die Prokura und den Prokuristen an.

I. Daher muß, ehe auf das eigentliche Thema eingegangen werden kann, zuvor noch kurz des gegenseitigen Verhältnisses[4] dieser beiden Rechtsquellen gedacht werden. Darüber bestimmt E. HGB. Art. 2 Abs. 1: „In Handelssachen kommen die Vorschriften des Bürgerlichen Gesetzbuchs nur insoweit zur Anwendung als nicht im Handelsgesetzbuch oder diesem Gesetz ein anderes bestimmt ist."

Es finden also die Bestimmungen des Bürgerlichen Gesetzbuchs über die Vollmacht (§§ 164 ff.) insoweit Anwendung, als nicht die §§ 48—53 HGB. oder sonstige Vorschriften des Handelsgesetzbuchs — von seinem Einführungsgesetz kann hier abgesehen werden — entgegenstehen, wobei es gleichgültig ist, ob solche entgegenstehende Vorschriften ihrer Natur nach ius cogens oder ius dispositivum darstellen.

---

[1] Gareis S. 103. Vgl. auch HGB. § 51 mit § 57.

[2] Heintz S. 20.

[3] Goldmann I S. 213, 221; Staub I S. 204.

[4] Düringer I S. 164; Lehmann-R. I S. 130 ff.

Nach Maßgabe der Aufgabe dieser Abhandlung interessiert nur die Anwendbarkeit der §§ 174, 181 BGB.; sie soll im nächsten Paragraphen erörtert werden.

II. Im übrigen sei verstattet, schon hier — unter Vorwegnahme späterer Ergebnisse — eine Begriffsbestimmung der Prokura zu geben und im Anschluß daran den Aufbau der Abhandlung zu skizzieren:

a) Die Vertretungsmacht des Prokuristen ist eine handelsrechtliche Vollmacht von gesetzlich bestimmtem, der Abänderung (Einschränkung, Erweiterung) durch Rechtsgeschäft entzogenem Umfang.

b) Gegenstand der folgenden Darstellung soll allein der Umfang der Prokuristenvollmacht sein, und zwar soll einmal der im HGB. § 49 Abs. 1 positiv festgelegte Umfang erläutert und insbesondere negativ abgegrenzt werden — erste Abteilung —; andererseits gilt es — zweite Abteilung —, das Verhältnis klarzulegen, das rechtsgeschäftliche Willkür zu dem so bestimmten Umfang einnimmt.

Erste Abteilung.

Der gesetzliche Umfang der Prokura.

I. Positive Umgrenzung.

§ 4.

Begriff der Prokura.

Die Prokura ist eine Vollmacht (§ 2) von gesetzlich bestimmtem Inhalt. Das ergibt sich aus HGB. § 49 Abs. 1: „Die Prokura ermächtigt zu allen Arten von gerichtlichen und außergerichtlichen Geschäften und Rechtshandlungen, die der Betrieb eines Handelsgewerbes mit sich bringt.“

I. Geschäfte und Rechtshandlungen.[1]

In der Erwähnung der Geschäfte neben den Rechtshandlungen liegt richtiger Ansicht nach ein Pleonasmus; es hätte genügt, zu sagen: Rechtshandlungen. Denn unter Geschäften im Sinne von HGB. § 49 Abs. 1 können, wie aus dem Wesen der direkten Stellvertretung (mit der ihr eigenen Funktion unmittelbarer Überleitung von Rechtswirkungen — s. oben § 1) mit Notwendigkeit folgt, nur Rechtsgeschäfte verstanden werden, d. h. „rechtserhebliche Willenserklärungstatbestände".

Ihnen gegenüber stellt das Gesetz die Rechtshandlungen, das sind aber wiederum mit juristischer Relevanz ausgestattete Tatbestände, wobei dahingestellt bleiben kann, ob sie notwendig auch stets Willenserklärungstatbestände darstellen:

Jedenfalls kann festgestellt werden, daß die Rechtgeschäfte und damit die „Geschäfte" des HGB. § 49 Abs. 1 unter den Begriff der Rechtshandlungen fallen. — Nicht beizutreten ist der Ansicht Wendts,[2] mit „Geschäften" meine das Gesetz Handlungen, die „nicht zugleich als Rechtshandlungen zu bezeichnen sind", d. h. juristisch irrelevante Verrichtungen; denn eine solche Auffassung widerstreitet dem oben ausgesprochenen Grundsatze, daß Stellvertretung ihrem Wesen nach nur bei rechtserheblichen Handlungen[3] — einer strengeren Meinung nach sogar nur bei Rechtsgeschäften und z. B. nicht beim Besitzerwerb,[4] bei der Spezifikation — denkbar sei. Zu Handlungen, die aus dem Anwendungsgebiet der Stellvertretung überhaupt herausfallen, kann das Gesetz nicht ermächtigen wollen.

Vielmehr ist zu sagen: Die Begriffe „Geschäft" und „Rechtshandlung" im Sinne von HGB. § 49 Abs. 1 decken sich mindestens teilweise und zwar dergestalt, daß entweder die „Geschäfte" als mit den „Rechtshandlungen" völlig identisch oder als eine Gattung derselben erscheinen. Auf Grund der folgenden Erwägungen wird

---

[1] Vgl. Borger S. 18 ff.; Fittig S. 29 ff.

[2] Bei Endemann I S. 281. Ihm pflichtet bei Fittig S. 30.

[3] Welche Erkenntnis Wendt (bei Endemann I S. 281) nicht von seiner obenerwähnten Ansicht abzubringen vermag.

[4] Vgl, hierüber Lenel bei Ihering 36 S. 42 ff.

man die Annahme völliger Identität beider Begriffe ablehnen und sich im letzteren Sinne entscheiden müssen:

a) Für das Privatrecht wird es zwar streitig bleiben, ob man Vertretung auch bei den rechtserheblichen Handlungen zulassen soll, die nicht Rechtsgeschäfte sind. Insoweit wird auch streitig bleiben, ob sich die Vertretungsmacht des Prokuristen auf solche Handlungen erstreckt; denn vom Boden der strengeren, Vertretung nur bei Rechtsgeschäften zulassenden Ansicht aus ergibt sich für das Privatrecht die Notwendigkeit, beide im HGB. § 49 Abs. 1 gebrauchte Begriffe für identisch und mit „Rechtsgeschäft" gleichbedeutend zu erklären.

Will man die Anhänger dieser strengeren Meinung davon überzeugen, daß eine völlige Übereinstimmung beider Begriffe nicht anzunehmen ist, so empfiehlt es sich, auf alle dem Privatrecht entnommenen Argumente zu verzichten.

b) Zum Ziele führt ein Hinweis auf das Prozeßrecht: Die Prokura schließt unbestrittenermaßen die Prozeßvollmacht für einen Rechtsstreit der Firma in sich; diese aber ermächtigt ebenso zweifellos auch zu rechtserheblichen Prozeßhandlungen, die Rechtsgeschäfte (auch im prozessualischen Sinne) nicht sind.

Zu denken ist dabei namentlich an das Geständnis, das zwar Erklärung, aber nicht wesentlich Willenserklärung ist, vielmehr regelmäßig ungewollte Rechtswirkungen auslöst, während dem Rechtsgeschäft eigentümlich ist, daß es schlechthin oder doch normalerweise[1] die gewollten Rechtswirkungen und nur diese hervorruft.

c) Man kann also mit Borger (S. 19) sagen, das Gesetz habe durch seine Ausdrucksweise „Geschäfte und Rechtshandlungen" aus dem großen Kreise der Rechtshandlungen die wichtigste und bei weitem am häufigsten vorkommende Gruppe, die Rechtsgeschäfte, unter der Bezeichnung „Geschäfte" besonders hervorheben wollen.[2]

II. Gerichtliche und außergerichtliche Rechtshandlungen.

Wie schon erwähnt wurde, enthält die Prokura die Vollmacht zur Führung von Zivilprozessen — natürlich nur solcher, die der

[1] So Dernburg I S. 330.

[2] Eine ausreichende Begründung hierfür läßt Borger freilich vermissen.

Betrieb eines Handelsgewerbes mit sich bringt (HGB. § 49 Abs. 1). Gleiches hat — unter der gleichen Beschränkung — auch für die Vertretung des Klägers im Privatklageverfahren und für das Gebiet der freiwilligen Gerichtsbarkeit zu gelten.

Durch die Befugnis zur Prozeßführung unterscheidet sich der Prokurist vom Handlungsbevollmächtigten, dem sie nur kraft besonderer Erteilung zusteht (HGB. § 54 Abs. 2).

Im übrigen sei hier auf die ausführlichere Darstellung im folgenden Paragraphen, sowie auf § 7 unten verwiesen.

III. Rechtshandlungen, die der Betrieb eines Handelsgewerbes mit sich bringt.

a) Die Prokura ermächtigt zu allen Rechtshandlungen, die der Betrieb irgend[1] eines Handelsgewerbes mit sich bringt, nicht nur zu den „Rechtshandlungen, zu welchen der beschränktere Umfang des konkreten Handesgewerbes (sc. des Prokuraerteilers) Veranlassung gibt (Düringer I S. 177)", sie „enthält also eine Vollmacht zur Betreibung aller möglichen Handelsgewerbe (Thöl I S. 192)": „Ein Weinhändler, von einer Reise zurückkehrend, kann sich als Bankier wiederfinden."[2].

Nicht ist also der Prokurist auf Vornahme der zum Betriebe eines „derartigen[3] Handelsgewerbes (HGB. § 54 Abs. 1)" gehörigen Rechtshandlungen beschränkt; darin eben unterscheidet er sich vom Handlungsbevollmächtigten, dessen Vollmacht im Zweifel nur die dem konkreten Handelsgewerbe seines Vollmachtgebers nicht fremden Rechtshandlungen umfaßt.

b) Die Worte „mit sich bringt" stehen für „mit sich bringen kann".[4] Mit anderen Worten: Alle Rechtsgeschäfte, welche Handelsgeschäfte sein können,[5] fallen unter die Prokuristenvollmacht.[6] Gleichgültig ist, ob im einzelnen eine Rechtshandlung zu den gewöhnlich im Handelsverkehr[7] vorkommenden gehört

---

[1] Anders nur Gareis S. 104ff. und HGB. S. 69.

[2] Thöl I S. 192. Ein ebenso drastisches Beispiel bringt Borger S. 10.

[3] A. A. Gareis S. 104ff.; HGB. S. 69.

[4] Makower I S. 173 und andere.

[5] Und alle sonst im Handelsverkehr denkbaren Rechtshandlungen.

[6] So Lehmann-R. I S. 134.

[7] Nicht bloß im Handelsgewerbe des vom Prokuristen Vertretenen.

oder ob sie in jedem Handelsgewerbe eine Seltenheit bildet: Selbst im letzteren Falle — hierher gehören z. B. Wareneinkäufe im Werte von Millionen — ist der Prokurist zur Vornahme der Rechtshandlung ermächtigt.

Ganz anders steht es beim Handlungsbevollmächtigten. Seine Vollmacht erstreckt sich im Zweifel nur auf Rechtshandlungen, die der Betrieb des konkreten Handelsgewerbes gewöhnlich mit sich bringt (HGB. § 54 Abs. 1).

Natürlich umfaßt auch die Vollmacht des Prokuristen Rechtshandlungen nicht, die außerhalb jedes Handelsgewerbebetriebes liegen;[1] darüber siehe unten § 7.

IV. Die Prokura ermächtigt zu allen Arten von Rechtshandlungen.

a) Hervorhebung verdienen hier die einseitigen Rechtsgeschäfte. Auch zu ihrer Vornahme ist der Prokurist ermächtigt; unterliegt er aber dabei auch der Bestimmung des § 174 BGB.?

Diese Frage ist in der Literatur verschieden beantwortet worden. Grundsätzlich für Anwendbarkeit treten ein Borger S. 12, Düringer I S. 167ff., Goldmann I S. 212, 215, Staub I S. 205; gegen die Anwendbarkeit wendet sich der Kommentar von Lehmann-R. I S. 134 mit folgenden Ausführungen: § 174 BGB. ist „auf den Prokuristen nicht anwendbar, denn diese Vorschrift will den für den Dritten bestehenden Zweifel an der Vollmacht zu dem einseitigen Rechtsgeschäft beseitigen. Solch Zweifel ist bei der Prokura gar nicht möglich. Hier handelt es sich lediglich um die Frage, ob der Betreffende Prokurist ist oder nicht, in welcher Beziehung § 15 aushilft".

Der Entscheidung über diesen Streitpunkt ist E. HGB. Art. 2 zugrunde zu legen (vgl. oben § 3) und danach die zu lösende Frage dahin zu fassen: Steht mit § 174 eine Bestimmung des Handelsgesetzbuchs oder seines Einführungsgesetzes in Widerspruch?

Vergegenwärtigt man sich nun, daß § 174 BGB. ein sogenanntes Bestimmungsrecht des Dritten aufstellt, vermöge dessen der Dritte einem gültigen Rechtsgeschäft des Bevollmächtigten

[1] Borger S. 11.

unter gewissen Umständen die Wirksamkeit nehmen kann, so erhellt, daß weder das Handelsgesetzbuch, noch sein Einführungsgesetz dieser singulären Bestimmung Abbruch tun; auch durch § 15 HGB. wird — richtiger Ansicht nach — die Anwendbarkeit von § 174 BGB. nicht berührt.[1,2]

Denn die Tatsache, die der Dritte gegen sich gelten lassen muß, ist eben die Prokura, d. h. eine Vollmacht. Was bedeutet es aber, wenn der Dritte eine Vollmacht gegen sich gelten lassen muß? Daß er — wie sich aus der Lehre von der Vollmacht (also aus den §§ 166ff. BGB.) ergibt — den Bevollmächtigten regelmäßig[3] dem Vollmachtgeber gleichachten muß,[4] vorbehaltlich also der gesetzlichen Ausnahmen, deren gerade § 174 BGB. eine enthält. — Zu sagen, daß im Falle der Prokuraerteilung der Dritte die Tatsache erteilter Vollmacht immer gegen sich gelten lassen müsse und daß darum § 15 HGB. die Anwendbarkeit von § 174 BGB. mehr oder weniger beschränke, ist petitio principii; denn was man dabei voraussetzt, ist ja gerade Gegenstand des Streites und der Beweisführung.

Da auch keine andere Bestimmung des Handelsgesetzbuchs oder seines Einführungsgesetzes, welche die Anwendung von § 174 BGB. ausschließen könnte ins Feld geführt werden kann, hat die oben wiedergegebene Ansicht von Lehmann-R. I. S. 134 als widerlegt zu gelten; sie widerlegt sich aber auch durch die Unhaltbarkeit ihrer Konsequenzen. Denn wenn man die Anwendbarkeit von § 174 BGB. auf die Prokura schlechthin verneint, so kann die daraus resultierende Rechtslage nur folgendermaßen gedacht werden:

1. Entweder sind — soweit nicht sonstige gesetzliche Bestimmungen entgegenstehen — alle einseitigen Rechtsgeschäfte des Prokuristen wirksam und können ihrer Wirksamkeit auch nicht entkleidet werden.

---

[1] A. A. Borger S. 13 und inbezug auf HGB. § 15 Abs. 2: Düringer I S. 167ff.; Goldmann I S. 215; Staub I S. 205.

[2] Unmittelbar kommen zu demselben Ergebnis diejenigen, welche die Anwendung von § 15 HGB. auf sogenannte befreiende Tatsachen, d. h. „Tatsachen, durch welche eine Haftbarkeit ausgeschlossen wird" (s. Denkschrift S. 28) beschränkt wissen wollen.

[3] u. [4] Vgl. oben § 1, insbesondere S. 1 Anm. 3.

Dann wird der Dritte in eine auch durch die Rücksicht auf den Handelsverkehr keineswegs zu rechtfertigende ungünstige Lage[1] mindestens in den Fällen versetzt, wo er die Prokuraerteilung nicht kennt oder gar schuldlos nicht kennt;

2. oder die Wirksamkeit der vom Prokuristen vorgenommenen einseitigen Rechtsgeschäfte bestimmt sich nach Maßgabe von § 15 HGB. derart, daß es nicht einmal einer „Zurückweisung" bedarf. Denn von einer solchen ist in § 15 HGB. nicht die Rede.

Dann könnte der Dritte, solange die Eintragung oder Bekanntmachung der Prokuraerteilung aussteht, die Wirksamkeit jedes einseitigen Rechtsgeschäfts selbst ohne eine der Vorschrift des § 174 BGB. genügende Zurückweisung jederzeit in Zweifel ziehen, sofern ihm nicht Kenntnis der Prokuraerteilung nachgewiesen wird, während im Falle eingetragener und publizierter Prokuraerteilung der Dritte, wiederum ohne eine Zurückweisung im Sinne von § 174 BGB. vorgenommen zu haben, dadurch sich der Wirksamkeit des einseitigen Rechtsgeschäfts entledigen kann, daß er seine unverschuldete Unkenntnis von der Prokuraerteilung nachweist.

Dieser zweite Weg führt zu dem absurden Ergebnis, daß vom Prokuristen vorgenommene einseitige Rechtsgeschäfte den Vertretenen in eine ungünstigere Lage bringen, als wenn die gleichen Rechtsgeschäfte der Träger einer nicht eintragungspflichtigen Vollmacht sei es des bürgerlichen, sei es des Handelsrechts, abgeschlossen hätte.

3. Beide Wege sind also ungangbar; zu vernünftigen Ergebnissen kommt man nur, wenn man die Anwendbarkeit des § 174 BGB. auf die Prokura bejaht.

Hier soll nur noch erwähnt werden, daß dem in § 174 BGB. vorgesehenen Vorlegen der Vollmachtsurkunde im Falle eingetragener Prokura die Vorlegung eines Handelsregisterauszuges gleichzuachten ist. Damit muß sich der Dritte begnügen. Zustimmend Düringer I S. 168, Staub I S. 205, Stegmann S. 27; anderer Ansicht Goldmann I S. 215ff.

---

[1] Er kann sich nicht sofort Klarheit über das Bestehen der Vollmacht ihm gegenüber verschaffen, da er weder Vorlegung einer Vollmachtsurkunde verlangen, noch das Geschäft zurückweisen kann.

b) Zwecks Lösung der Frage, ob § 181 BGB. auf die Prokura anwendbar sei, sollen unter Zugrundelegung von E. HGB. Art. 2 folgende Erwägungen angestellt werden:

Wer der Ansicht ist, der Prokurist könne alle die Rechtsgeschäfte, zu deren Vornahme[1] er Dritten gegenüber nach dem Handelsgesetzbuche ermächtigt ist, im Namen des Geschäftsherrn auch mit sich selbst (im eigenen Namen) oder mit sich als dem Vertreter eines Dritten (im Namen dieses Dritten) vornehmen, muß allerdings die Anwendbarkeit von § 181 BGB. auf die Prokura verneinen, da vom Boden dieser Ansicht aus die Anwendung von § 181 BGB. eine Einschränkung des gesetzlichen Umfanges der Prokura bedeutet.

Wer aber beachtet, daß die Prokura eben eine Vollmacht ist, deren Umfang zwar nicht durch das Rechtsgeschäft der Prokuraerteilung, sondern durch das Gesetz bestimmt wird, die aber im übrigen ihre Eigenart als Vollmacht nicht verleugnet, der wird sich der Erkenntnis nicht entziehen können, daß die dem Vertreter nach § 181 BGB. entzogenen Rechtsgeschäfte auch dem Machtbereiche des Prokuristen entrückt sind — und das, weil Gegenteiliges dem Wesen der Vertretungsmacht nach Auffassung der geltenden Rechtsordnung widerstritte.

§ 181 BGB. leidet also auch auf den Prokuristen Anwendung, ohne daß darin etwas anderes als eine vom Handelsgesetzbuch (dadurch, daß es sich des Ausdrucks „ermächtigt“ bedient) selbst vorgesehene Schranke gefunden werden kann. Eine mit dem Handelsgesetzbuch unvereinbare, also unzulässige Beschränkung liegt darin nicht.

1. Ebenso bedeutet es andererseits keine Erweiterung der Prokura, wenn dem Prokuristen ausdrücklich oder stillschweigend gestattet wird, als solcher mit sich im eigenen Namen oder im Namen eines gleichfalls von ihm vertretenen Dritten Rechtsgeschäfte abzuschließen.

Eine solche Gestattung muß nicht ausdrücklich, kann vielmehr auch durch konkludente Handlung erfolgen;[2] Gestattung durch konkludente Handlung liegt beispielsweise vor, wenn auf

[1] Erklärungsempfang inbegriffen.

[2] Vgl. Cosack BR. I S. 228; Goldmann I S. 219; Staub I S. 228.

Grund Geschaftsgebrauchs die in einem Barsortiment tätigen Gehilfen und Bevollmächtigten zum eigenen Gebrauch Bücher mit 25 % Rabatt entnehmen dürfen.

Zu weit[1] dürfte allerdings STAUB I S. 229 gehen, wenn er sagt: „Für das Gebiet der handelsrechtlichen Vollmacht ist . . . anzunehmen, daß dem Vertreter überall dort Kontrahieren mit sich selbst gestattet ist, wo dies innerhalb der Vertretungsvollmacht liegt, wo also der Betrieb eines Handelsgewerbes (Prokura) . . . es mit sich bringt." Wäre seine Ansicht richtig, so hätte das Gesetz nicht erst für die Prokura die Anwendung des § 181 BGB. zuzulassen brauchen, vielmehr wäre dann eben die Anwendbarkeit von § 181 BGB. illusorisch. Man braucht also nicht erst, um diese Ansicht zu widerlegen, unter Hinweis auf die Divergenz zwischen Vertretungsmacht und innerem Rechtsverhältnis letzteres für entscheidend zu erklären.[2,3]

Auch BORGER S. 17, scheint mir noch zu weit zu gehen, insofern er in einem Verbotsmangel im inneren Rechtsverhältnis Gestattung sehen will. Richtig ist allein, daß, worauf auch der Ausdruck „gestattet" hinweist, das innere Rechtsverhältnis entscheidet, ob im einzelnen Falle Gestattung (und damit Erstreckung der Vollmacht auf diesen Fall[4]) vorliegt oder nicht. Aber das Fehlen eines Verbots im inneren Rechtsverhältnis läßt noch nicht auf Vorliegen der Gestattung schließen, hinzukommen müssen noch Momente, die eine positive Erlaubnis ergeben.

Es verdient noch besondere Hervorhebung, daß die vorerwähnte Abhängigkeit der Vollmacht von der dem inneren Rechtsverhältnisse angehörigen Gestattung nicht der abstrakten Natur der Prokura widerstrebt. Als Vollmacht umfaßt diese —

---

[1] Richtig MAKOWER I S. 339; OLGRspr. 5 S. 51.

[2] So BORGER S. 16, der hier eine rationelle und darum zulässige Durchbrechung des Grundsatzes von der Abstraktheit der Prokura annimmt.

[3] Vgl. auch oben § 1 zu Anm. 5 auf S. 2 und CROME I S. 465: Die Frage nach dem Umfang jeglicher Vertretungsmacht „ist eine Frage der Auslegung, und zwar ausschließlich des Vollmachterteilungsgeschäfts, nicht des Innenverhältnisses, auf Grund dessen die Erteilung erfolgte. Nur mittelbar wird unter Umständen auf dieses zur Feststellung des Inhalts der Vollmacht Bezug genommen werden können".

[4] Insoweit ist die Vollmachtserteilung notwendig kausal.

gleich jeder anderen Vollmacht — die solcher Gestattung bedürftigen Rechtsgeschäfte überhaupt nicht, vielmehr ist jede solcher Gestattung entsprechende Vollmacht schon nach bürgerlichem Recht stets als eine gesonderte Vollmacht zu beachten, fällt also zweifellos nicht unter den Begriff der Prokura.[1]

2. Das Prinzip des § 181 BGB. erleidet insoweit eine Durchbrechung, als das vorzunehmende Rechtsgeschäft ausschließlich in der Erfüllung einer Verbindlichkeit besteht. Hier bedarf es nicht einmal der eben behandelten „Gestattung".

Die singuläre Natur dieser Vorschrift läßt eine ausdehnende Auslegung nicht zu; die dort bestimmte Ausnahme gilt nur für die Schuldtilgung durch Erfüllung (BGB. § 362 Abs. 1).

α) Sie kann nicht auf andere Schuldbeendigungsgründe (Hingabe an Erfüllungsstatt, Aufrechnung, Erlaß) ausgedehnt werden.[2]

β) Sie gilt nur für den vollständigen Tatbestand des Erfüllungsvertrags: Nicht kann also der Prokurist den Geschäftsherrn dadurch, daß er eine dem Geschäftherrn geschuldete Leistung im eigenen Namen anbietet, in seiner Eigenschaft als Prokurist aber ablehnt, Annahmeverzug des Geschäftsherrn begründen und auf Grund des Annahmeverzugs die geschuldete Leistung zwecks Befreiung von seiner Schuld hinterlegen.

γ) Im übrigen ist gleichgültig, ob eine Verbindlichkeit des Geschäftsherrn gegenüber seinem Prokuristen oder eine Verbindlichkeit des Prokuristen gegenüber dem Geschäftsherrn erfüllt werden soll.[3]

3. Zu beachten ist, daß § 181 BGB. mit den Einschränkungen des in ihm ausgesprochenen Grundsatzes nicht zugleich Ausnahmen von anderen Fundamentalprinzipien zulassen will: Die „gestattete" Vornahme muß also namentlich den Erfordernissen eines Rechtsgeschäfts genügen, insbesondere sich als Willenserklärung darstellen, sei es, daß diese durch ausdrückliche Erklärung oder — soweit stillschweigende Erklärung überhaupt zu-

---

[1] Die Frage, wie ein mangels der Gestattung vom Prokuristen vorgenommenes Rechtsgeschäft zu beurteilen ist, kann somit hier unerörtert bleiben.

[2] Vgl. Goldmann I S. 219; Makower I S. 339 unter Berufung auf OLGRspr. 8 S. 32.

[3] Planck I S. 231.

gelassen — durch konkludente Handlung,[1] letzterenfalls jedoch notwendig in einer äußerlich erkennbaren Weise[2] erfolge.

4. Übrigens wird der Grundsatz des § 181 auch auf Rechtshandlungen, die nicht Rechtsgeschäfte sind (oben S. 8 ff.), entsprechende Anwendung zu finden haben.

V. Die Prokura ermächtigt zu Rechtshandlungen.

Delikte sind keine Rechtshandlungen.[3]

Inwieweit dennoch der Geschäftsherr aus Verschulden seines Prokuristen verhaftet wird, bestimmt sich nach allgemeinen, für die Vollmacht überhaupt geltenden Grundsätzen, die hier nicht näher dargestellt, sondern nur angedeutet werden können. Danach haftet der Vertretene für Verschulden des Vertreters im Abschluß und bei Erfüllung der seiner Vertretungsmacht unterliegenden Rechtsgeschäfte.[4,5]

§ 5.

Einzelne hervorzuhebende Rechtshandlungen, zu deren Vornahme die Prokura ermächtigt.

I. Wie schon oben (§§ 2 und 4) erwähnt wurde, hat die Prokura einen weiteren Umfang, als er im Zweifel der Handlungsvollmacht zukommt.

[1] Beispiele bei Staub I S. 229.

[2] Vgl. Borger S. 17. Das (vom Gesetz nicht hervorgehobene) Erfordernis äußerlicher Erkennbarkeit gründet darin, daß beim Selbstkontrahieren des Vertreters die Erklärung tatsächlich durch eine und dieselbe physische Person abgegeben wird.

[3] So Gareis HGB. S. 69.

[4] Beachtlich JW. 28 S. 831: „Handlungen aber, zu deren Vornahme ihrer objektiven Beschaffenheit nach die eingeräumte Vertretungsmacht befugt, hören nicht auf, Vertretungshandlungen zu sein, weil sie von dem Vertreter in rechtswidriger Gesinnung vorgenommen sind; nur mit dieser Einschränkung kann die Richtigkeit des Prinzips, daß die Übertragung eines Wirkungskreises, die durch Einräumung der Vertretungsbefugnis geschieht, allein auf Vornahme erlaubter Handlungen sich bezieht, angenommen werden.“

[5] Vgl. im übrigen Allfeld I S. 243 ff.; Seuff Arch. 11 S. 316; Jacobi im Arch. Z. Pr. 86 S. 57 ff.; Behrend I S. 345; Goldmann I S. 214; Gierke bei Holtzendorff-Kohler I S. 921; Makower I S. 172; Staub I S. 230 ff.; Warneyer 3, S. 215; RG. 15 S. 124, 43 S. 146 ff.; ROHG. 6 S. 403, 15 S. 27.

a) Insbesondere beschränkt sich die Prokura nicht auf die Rechtshandlungen, die der Handelsgewerbebetrieb des jeweiligen Vollmachtgebers gewöhnlich mit sich bringt, sondern erstreckt sich auch auf die Rechtshandlungen, die der Betrieb irgend eines Handelsgewerbes irgend mit sich bringen kann;[1] (vgl. oben §§ 2 und 4). An dieser Stelle soll hervorgehoben werden, daß der Prokurist Zweigniederlassungen begründen — vgl. aber unten § 10 — (nicht aber aufheben — vgl. unten § 7 —) kann, und daß er fähig ist, die Branche zu ändern,[2] auch den Sitz des Handelsgewerbes zu verlegen.[2]

b) Die Kluft zwischen Prokura und Handlungsvollmacht ist jedoch noch größer, als man aus Vorstehendem ersehen kann: Die Eingehung von Wechselverbindlichkeiten, die Darlehensaufnahme und die Prozeßführung stehen nämlich mangels Spezialvollmacht dem Handlungsbevollmächtigten auch dann nicht zu, wenn sie im konkreten Handelsgewerbe seines Vollmachtgebers gewöhnlich vorkommen. Für den Prokuristen hingegen ergibt sich die Ermächtigung zur Wechselzeichnung, Darlehensaufnahme und Prozeßführung schon aus dem unter a) Ausgeführten.

II. Noch wenig geklärt sind folgende Fragen:

Ist der Prokurist ermächtigt, durch Erwerb eines anderen Handelsgeschäfts seinen Vollmachtgeber zu dessen Inhaber zu machen?

Ist er ermächtigt, seinen Vollmachtgeber an einem anderen Handelsgewerbe als Aktionär oder Gesellschafter zu beteiligen oder in eine derartige Beteiligung seines Vollmachtgebers ändernd oder aufhebend einzugreifen?

Ist er ermächtigt, Dritte am Handelsgewerbe seines Vollmachtgebers als Gesellschafter oder Aktionär zu beteiligen?[3]

---

[1] Insbesondere auch auf Liberalitätsakte; vgl. aber Borger S. 25ff. Beispiele bei Cosack S. 106 und Behrend I S. 364: Weihnachtsgeschenke an die Angestellten, Kundengeschenke. Siehe unten § 7.

[2] Düringer I S. 177; Goldmann I S. 225.

[3] Ziemlich uneingeschränkt bejahen die Ermächtigung Düringer I S. 177; Staub I S. 208.

Bemerkenswert[1] äußern sich hierzu LEHMANN und RING I S. 134: „Er kann den Prinzipal zum Mitglied einer Aktiengesellschaft, Gesellschaft mit beschränkter Haftung, Erwerbs- und Wirtschaftsgenossenschaft, zum stillen Gesellschafter, dagegen nicht zum Mitglied einer offenen Handelsgesellschaft oder Kommanditgesellschaft machen, weil es ihm nicht zusteht, den Prinzipal zum Mitinhaber einer neuen Firma zu machen. Soweit er den Prinzipal beteiligen kann, kann er auch die Beteiligung zerstören oder umgestalten (also nicht persönlich haftende Gesellschafter und Kommanditisten, wohl aber stille Gesellschafter aufnehmen)."

Zwecks Stellungnahme zu den aufgeworfenen Fragen muß man auf § 49 HGB. zurückgehen und sich darüber schlüssig machen, ob die bezeichneten Rechtshandlungen solche sind, die der Betrieb irgend eines Handelsgewerbes mit sich bringen kann oder ob sie außerhalb des Betriebes jedes Handelsgewerbes (vgl. unten § 7) liegen. Diese Prüfung muß bei jeder einzelnen der aufgestellten Fragen besonders erfolgen; jede Frage hat als bejaht zu gelten, wenn es gelingt, bezüglich eines ihr entsprechenden Beispiels den Nachweis[2] zu führen, daß sich die Vertretungsmacht des Prokuristen darauf erstreckt.

a) Der auf Verarbeitung halbfertiger Produkte gerichtete Betrieb eines Handelsgewerbes kann es mit sich bringen, daß ein auf Herstellung jenes Halbprodukts gerichtetes Handelsgeschäft erworben wird. Denn zum Betriebe eines solchen Verarbeitungsgewerbes gehört die Beschaffung der halbfertigen Produkte, wobei es gleichgültig ist, ob sie durch Kauf oder Selbstherstellung bewerkstelligt wird. Ohne Einfluß ist dabei der Umstand, daß das erworbene Geschäft vielleicht bisher mehr Halbprodukte erzeugte, als für den Betrieb des höheren Verarbeitungsgewerbes gebraucht werden.

Die Folge ist: Der Prokurist kann seinen Vollmachtgeber zum Inhaber eines anderen Handelsgewerbes machen; er selbst wird Prokurist im erworbenen Betriebe ohne ausdrückliche Be-

[1] Freilich ohne überzeugende oder auch nur ausreichende Begründung.

[2] Nicht notwendig ist, Beispiele zu finden, wonach der Betrieb eines Handelsgewerbes vorwiegend auf Erwerb von Handelsgeschäften usw. gerichtet ist.

stellung nur, wenn dieser forthin unter der Firma des Handelsgeschäfts des Erwerbers geführt wird.

b) Es ist denkbar, daß ein Spediteur, der selbst viele Güter zur Lagerung geben muß, ein Lagergeschäft begründet oder erwirbt, um den bisher einem anderen aus der Lagerung erwachsenen Gewinn seiner Tasche zuzuführen. Statt dessen kann es aber geboten erscheinen, sich mit anderen in gleicher Lage befindlichen Spediteuren zu einer auf Lagerung der von ihnen speditierten Güter gerichteten Handelsgesellschaft [1] zusammenzuschließen. Unerfindlich wäre, warum der Prokurist zwar das Lagergeschäft seinem Vollmachtgeber erwerben, ihn aber an einer Lagerhausgesellschaft nicht beteiligen dürfte.

Andererseits ist es dem Prokuristen verwehrt, das erworbene Handelsgewerbe — selbst wenn es seine Selbständigkeit und Firma zufolge völliger Verschmelzung verloren hat — zu veräußern oder die bestehende Beteiligung zu lösen. Denn das liegt außerhalb des Betriebes, ist der Gegensatz zum Betrieb. [2] Für die Vertretungsmacht des Prokuristen steht übrigens der völligen Lösung der Beteiligung der Fall gleich, daß der offene Gesellschafter Kommanditist wird.

c) Einfacher beurteilt sich die Beteiligung an Aktiengesellschaften, da diese durch Aktienerwerb, d. h. Erwerb eines Wertpapieres, zustande kommt. Hier ist sogar denkbar, daß Erwerb und Veräußerung von Aktien das Grundgeschäft [3] eines Handelsgewerbes bilden.

Ebenso ist nicht undenkbar, daß jemand (z. B. eine Aktiengesellschaft) die Beteiligung als Kommanditist oder stiller Gesellschafter an anderen Handelsgewerben gewerbsmäßig betreibt; dann kann der Betrieb dieses Handelsgewerbes auch die Lösung der Beteiligung mit sich bringen.

Der Prokurist eines solchen Handelsgewerbes — und darum jeder Prokurist — ist also ermächtigt, seinen Vollmachtgeber

---

[1] Die Aktiengesellschaft kann hier außer Betracht bleiben; siehe unten c).

[2] Vgl. dazu Makower I S. 172 und unten § 7.

[3] Vgl. § 1 Abs. 2 Ziffer 1 HGB.

zum Aktionär, Kommanditisten oder stillen Gesellschafter zu machen und ihm diese Eigenschaft wieder zu nehmen.

d) Verwehrt ist dem Prokuristen die Beteiligung Dritter am Handelsgewerbe seines Vollmachtgebers, insoweit darin eine Teilveräußerung des Handelsgewerbes (vgl. unten § 7) gefunden werden kann. Einen Kommanditisten oder stillen Gesellschafter wird er jedoch aufnehmen können.

III. Gern wird hervorgehoben, daß der Prokurist einer Aktiengesellschaft oder einer Kommanditgesellschaft auf Aktien[1] auch gegenüber den Aktionären zur Vertretung der Gesellschaft — und zwar nicht nur „insofern die Einzahlung ihrer Einlagen in Frage steht (Borger S. 21[2])" — ermächtigt ist. Das ergibt sich aber schon daraus, daß diese Gesellschaften juristische Persönlichkeit haben und infolgedessen ihnen die Aktionäre als Dritte gegenüberstehen.

IV. Die Prokura schließt neben der Prozeßvollmacht (oben S. 9ff.) die Ermächtigung in sich, Prozeßbevollmächtigte zu bestellen.[3] Der Prokurist ist, soweit[4] sich seine Vertretungsbefugnis auf das den mittelbaren Gegenstand des Zivilprozesses bildende materielle Rechtsverhältnis erstrecken würde, zur Führung aller Prozesse seines Vollmachtgebers ermächtigt. Hierzu bestimmt § 173 ZPO.: „Die Zustellung erfolgt . . . in[5] den durch den Betrieb eines Handelsgewerbes hervorgerufenen Rechts-

---

[1] Weiter gehen Düringer I S. 177 und Lehmann-R. I S. 136; vgl. auch Makower I S. 172.

[2] Vgl. Borger S. 20ff.; Goldmann I S. 225; Makower I S. 172; ROHG. 7 S. 414, 9 S. 70. Der Prokurist ist — abgesehen von der Legitimationswirkung etwa ausgegebener Dividendenscheine — z. B. auch ermächtigt, den Aktionären die Dividende auszuzahlen.

[3] Goldmann I S. 225; ROHG. 21 S. 342.

[4] Diese Einschränkung ergibt sich aus der sekundären Natur der Prozeßhandlungen; sie ist dem § 49 Abs. 1 HGB. nicht fremd. Andernfalls würde man, da der Betrieb eines Handelsgewerbes einen Prozeß als Inbegriff aller Prozeßrechtshandlungen mit sich bringen kann, zu dem unhaltbaren Ergebnisse gelangen, daß für den Prozeß die Vertretungsmacht des Prokuristen einen weiteren Umfang hat, als außerhalb des Prozesses. Vgl. auch unten VI.

[5] Die Klage muß also stets der Partei selbst zugestellt werden; vgl. auch Anm. 1 S. 22. Siehe auch ZPO. §§ 181ff.

streitigkeiten an den Prokuristen[1] mit gleicher Wirkung, wie an die Partei selbst". Hinsichtlich der nicht durch den Betrieb hervorgerufenen Streitigkeiten greift ergänzend die Vorschrift des § 176 ZPO. ein, wonach „in einem anhängigen Rechtsstreite" Zustellungen an den für die Instanz „bestellten" Prozeßbevollmächtigten — als solcher wird auch der Prokurist, sofern er den Prozeß übernommen hat,[1] zu gelten haben — erfolgen müssen.[2]

Als Prozeßbevollmächtigter kann der Prokurist zwar Eide zuschieben, annehmen und zurückschieben, die Leistung eines zugeschobenen oder auferlegten Eides steht ihm jedoch nicht zu;[3] vgl. darüber unten § 6.

V. Auch bei Lösung der Frage, ob der Prokurist zur Stellung von Strafanträgen oder zur Einlegung des Einspruchs gegen Strafbefehle, zum Antrag auf gerichtliche Entscheidung über Strafverfügungen oder Strafbescheide ermächtigt sei, kann keineswegs die oben sub II. (vgl. insbesondere zu Anm. 2 auf S. 19) benutzte Methode angewandt werden. Auch hier kann nicht aus einem Beispiel auf den Grundsatz geschlossen, sondern muß von Fall zu Fall geprüft werden — sofern nicht ohne weiteres die betreffende Handlung als außerhalb jedes Handelsgewerbes liegend erkannt wird.

Aus letzterem Grunde scheiden hier sofort aus Einspruch und Antrag auf gerichtliche Entscheidung. Denn die strafbare Handlung, die sie betreffen, kann zwar anläßlich des Handelsgewerbebetriebes begangen worden sein, ist aber als solche stets eine rein persönliche Handlung des Geschäftsinhabers, wie auch die dafür ausgeworfene Strafe nur ihn, nicht das Geschäft trifft. Deshalb kann der Einspruch bzw. der Antrag auf gerichtliche Entscheidung nie eine Rechtshandlung sein, die der Betrieb eines Handelsgewerbes mit sich bringt. Die Prokura erstreckt sich nicht darauf.[4]

---

[1] Sofern dieser den Prozeß übernommen hat: Borger S. 21.

[2] Unter Berücksichtigung des — nicht unbestrittenen — Inhalts der beiden vorigen Anmerkungen ergibt sich, daß durch § 176 ZPO. die Bestimmung des § 173 ZPO., insoweit sie vom Prokuristen handelt, ersetzt wird.

[3] Vgl. Lehmann-R. I S. 134: „Diesem (sc. dem Geschäftsherrn) wird natürlich auch der Eid zugeschoben." Ebenso Goldmann I S. 226 ff.

[4] So Allfeld I S. 253 ff.; Borger S. 24; Goldmann I S. 226; anders Lehmann-R. I S. 134; Staub I S. 208.

Einer anderen rechtlichen Beurteilung unterliegt der Strafantrag.[1] Gewisse Delikte (Geschäftsverleumdung, unlauterer Wettbewerb, Patentverletzung, Nachdruck) können sich unmittelbar gegen das Geschäft richten, d. h. Rechtsgüter des Geschäftsinhabers als solchen verletzen (bzw. gefährden), die der Obhut des Prokuristen anvertraut sind. Insoweit kann der Prokurist die seinem Vollmachtgeber wegen jener Delikte zustehenden Rechte ausüben, er kann insbesondere Strafantrag stellen. Insoweit beruht aber die Ermächtigung zur Stellung von Strafanträgen auf der Prokura; dem Reichsgericht (in Strafsachen 15 S. 145) kann also nicht beigetreten werden, wenn es ausführt: „allein entscheidend sei, ob in dem einzelnen Falle angenommen werden könne, es entspreche die Stellung des Antrages dem wirklichen Willen des Auftraggebers."

Die angeführte Entscheidung des Reichsgerichts ist einmal zu eng, insofern sie nur für die Regel, nicht absolut die Ermächtigung des Prokuristen, zur Wahrung der ihm anvertrauten Vermögensinteressen Strafantrag zu stellen, anerkennt, andererseits geht sie zu weit oder führt irre, insofern sich aus ihr entnehmen läßt, daß auch in anderen als diesen Regelfällen ein vom Prokuristen gestellter Strafantrag als wirksam angesehen werden solle, sofern nur „die Stellung des Antrages dem wirklichen Willen" des Vollmachtgebers entspricht.[2]

Vielmehr beschränkt sich die Ermächtigung des Prokuristen auf die Fälle, wo er durch Stellung des Strafantrags die ihm anvertrauten Geschäftsinteressen wahrt; aber in diesen Fällen besteht sie absolut. Die Beschränkung auf diese Fälle rechtfertigt sich wieder aus der sekundären Natur des Strafantrags als einer prozessualen Handlung (siehe unten VI.).

---

[1] Für Erstreckung darauf schlechthin Staub I S. 208; anders RGStr. 1 S. 388ff., 15 S. 145 und Goldmann I S. 225ff.; Düringer I S. 178; Lehmann-R. I S. 134; Makower I S. 173. Vgl. auch von Liszt S. 198ff.

[2] Die Entscheidung des Reichsgerichts kommt darauf hinaus, bei Stellung von Strafanträgen eine echte Selbstvertretung des Prokuristen zu verneinen und nur eine fälschlich sogenannte „Stellvertretung" in der Abgabe einer gefaßten bzw. mutmaßlich gefaßten Willenserklärung zuzulassen.

VI. Es ergibt sich also: Die Prokura kann die Ermächtigung zur Prozeßführung, worunter auch die Vertretung des Privatklägers im Strafverfahren gehört, und zur Stellung von Strafanträgen enthalten. Ob die Prokura im einzelnen Falle diese Ermächtigung in sich schließt, ist aber jedesmal besonders festzustellen, was nicht dadurch zu geschehen hat, daß man den mutmaßlichen Willen des Vertretenen entscheiden läßt, sondern allein dadurch, daß man untersucht, ob der Betrieb eines Handelsgewerbes einen derartigen Prozeß oder die Stellung eines derartigen Strafantrages mit sich bringe.

Jedenfalls darf man nicht so argumentieren: Weil der Betrieb eines Handelsgewerbes einen Prozeß oder die Stellung eines Strafantrages mit sich bringen kann, ist der Prokurist als solcher zur Führung jedes Prozesses seines Vollmachtgebers und zur Ausübung jedes diesem zustehenden Antragsrechtes ermächtigt. Das verbietet sich infolge des sekundären Charakters der prozessualen Handlungen, der es nicht zuläßt, die in concreto einer dieser Handlungen (z. B. der Klagerhebung, der Stellung des Strafantrags) zukommende Einreihung in die von der Prokura erfaßten Handlungen unterschiedslos auf alle gleichbenannten Prozeßhandlungen (z. B. alle der Prozeßbegründung dienenden Handlungen in genere) auszudehnen, vielmehr ist, da die prozessualen Handlungen durch das materielle Rechtsverhältnis erst, dem sie dienen, individualisiert werden, auf dieses entscheidende Rücksicht zu nehmen.

II. Negative Umgrenzung.

§ 6.

Der Vertretung überhaupt unzugängliche Rechtshandlungen.

I. Wenn hier unternommen wird, der positiven Umgrenzung der Prokuristenvollmacht deren Negativ, d. h. eine Umfangsbestimmung durch Aufweisung der der Prokura gezogenen Schranken, gegenüberzustellen, so rechtfertigt sich dies dadurch, daß eine Aufzählung der in den Bereich der Prokura fallenden Rechtshandlungen schlechterdings auf Vollständigkeit verzichten muß und daher ungeeignet ist, eine scharfe Grenzlinie zu liefern. Dem Bedürfnis nach Auffindung einer solchen genügt nur die negative Betrachtung. Sie ergibt, daß die Vertretungsmacht des Prokuristen nach drei Richtungen hin eingeengt ist: Die Prokura erstreckt sich nicht auf Handlungen,

a) die ihrer Natur nach eine Vertretung oder doch die Vertretung durch gewillkürte Vertreter überhaupt nicht zulassen. Von ihnen soll in diesem Paragraphen gehandelt werden,

b) die außerhalb jedes Handelsgewerbebetriebes liegen; siehe unten § 7,

c) die das Gesetz ausdrücklich dem Machtbereiche des Prokuristen entrückt hat; siehe unten § 8.

II. Die der Vertretung oder doch der gewillkürten Vertretung entzogenen[1] Rechtshandlungen sind zum Teil zugleich solche, die außerhalb jedes Handelsgewerbebetriebes liegen; ihrer soll im nächsten Paragraphen gedacht werden.

Hier interessieren namentlich Handlungen, die zwar im Handelsgewerbebetriebe vorkommen, aber nur vom Inhaber bzw. von dessen gesetzlichem Vertreter vorgenommen werden können. Als solche[2] sind namhaft zu machen: die vom Gesetze erforderten Zeichnungen zum Handelsregister (HGB. §§ 29, 13 Abs. 1), die Unterzeichnung des Inventars und der Bilanz (HGB. § 41 Abs. 1), die Prokuraerteilung (HGB. § 48 Abs. 1; vgl. unten § 8), die Gründererklärung nach § 191 HGB., die Eidesleistung. Diese Handlungen werden vom Gesetz als höchstpersönliche Akte betrachtet.

III. Wenn Cosack S. 106ff. in diesem Zusammenhange bemerkt: „Selbstverständlich ist es ferner, daß ein Prokurist solche Rechtshandlungen nicht vornehmen kann, deren Vornahme auch seinem Vollmachtgeber versagt ist. Daraus folgt, daß der Prokurist eines bevormundeten Minderjährigen zum Abschluß eines Vergleichs, wenn der Streitgegenstand mehr als 300 Mark wert ist, der Genehmigung des Vormundschaftsgerichts bedarf", so muß dem widersprochen werden.

---

[1] Vgl. Cosack S. 106; Goldmann I S. 226; Makower I S. 173.

[2] Düringer I S. 177; Lehamnn-R. I S. 134; Staub I S. 209; ROHG. 21 S. 342.

a) Denn der vom gesetzlichen Vertreter eines Minderjährigen mit vorgängiger vormundschaftsgerichtlicher Genehmigung (BGB. §§ 1822 11, 1643, 1686) für das Handelsgewerbe des Minderjährigen bestellte Prokurist ist nicht Vertreter des gesetzlichen Vertreters,[1] sondern des Minderjährigen. Er ist Prokurist eines minderjährigen Vollkaufmanns, nicht des Vormunds; der Vormund als solcher kann, da er nicht Kaufmann ist, einen Prokuristen überhaupt nicht haben.[2]

b) Wenn die Vertretungsmacht des vom Vormunde bestellten Prokuristen an die der gesetzlichen Vertretungsmacht des Vormunds gesetzten Schranken gebunden wäre, so läge eben gar keine Prokuraerteilung, sondern nur eine Handlungsbevollmächtigung vor, eine solche bedarf aber gar nicht der vormundschaftsgerichtlichen Genehmigung.

1. Die Vorschrift BGB. § 1822 Ziff. 11 wäre also — wenn man Cosack folgt — gegenstandslos, da sie vormundschaftsgerichtliche Genehmigung eines Rechtsgeschäfts vorschreibt, das seiner Natur nach — Prokuraerteilung begründet stets die im Handelsgesetzbuch bestimmte, teilweise über die Vertretungsmacht[3] des Vormunds hinausgehende Vertretungsmacht — vom Vormund überhaupt nie vorgenommen werden kann.

2. Vom Cosackschen Standpunkt aus bietet eine genügende Erklärung des Vorhandenseins der Vorschrift des BGB. § 1822 Ziff. 11 auch die mehrfach vertretene Ansicht[4] nicht, die vormundschaftsgerichtliche Genehmigung zur Prokuraerteilung bedeute zugleich die vormundschaftsgerichtliche Erteilung einer allgemeinen Ermächtigung im Sinne von § 1825 BGB. Denn auch die Erstreckung der Vertretungsmacht auf die in BGB. § 1822 Ziff. 8—10 aufgeführten Rechtsgeschäfte vermag nicht eine nur innerhalb der gesetzlichen Vertretungsmacht des Vormunds be-

---

[1] Im folgenden soll der Einfachheit halber immer nur vom Vormund gesprochen werden.

[2] Vgl. auch Allfeld I S. 311.

[3] Gemeint ist die Vertretungsmacht zu Geschäften, zu deren Vornahme es vormundschaftsgerichtlicher Genehmigung nicht bedarf.

[4] Vgl. Behrend I S. 366; Borger S. 29, wenigstens bezüglich der Wechselzeichnung Cosack S. 107.

stehende Handlungsvollmacht zum vollen gesetzlichen Umfang der Prokura zu erweitern.

3. Es ist also, will man nicht die Vorschrift des BGB. § 1822 Ziff. 11 für überflüssig erklären oder dem in ihr gebrauchten Ausdrucke „Prokura" einen anderen als den handelsrechtlichen Prokurabegriff unterstellen, das Ergebnis unabweisbar, daß ein vom Vormund mit vormundschaftsgerichtlicher Genehmigung bestellter Prokurist die volle im Handelsgesetzbuch bestimmte und teilweise über die Vertretungsmacht des Vormunds hinausgehende Prokuristenvollmacht hat, daß er also bei Ausübung seiner Vertretungsmacht nirgends von der Mitwirkung des Vormundschaftsgerichts abhängig ist — bedürfte doch andernfalls ein vom Vormund bestellter Prokurist öfter der vormundschaftsgerichtlichen Genehmigung als der vom Vater des minderjährigen Kaufmanns für dessen Handelsgewerbe bestellte Prokurist.

c) Auch praktisch führt die Ansicht Cosacks zu unbefriedigenden Ergebnissen. Denn das Handelsregister gibt keine Auskunft darüber, ob der Inhaber eines Handelgewerbes geschäftsfähig, in der Geschäftsfähigkeit beschränkt oder völlig geschäftsunfähig ist und ob er vom Vater, einem Vormund oder einem Pfleger gesetzlich vertreten wird. Das Vertrauen in die gesetzlich bestimmte Prokuristenvollmacht würde der Unsicherheit Platz machen, wenn man stets erst aus anderen Quellen als dem Handelsregister erforschen müßte, von wem der Prokurist bestellt ist, und bei Unterlassung dieser Nachforschung jederzeit die Unwirksamkeit bzw. Ungültigkeit eines mit dem Prokuristen abgeschlossenen Rechtsgeschäfts zu gewärtigen hätte. Eine solche Unsicherheit würde eine für den Handelsverkehr unerträgliche Belastung bedeuten.

d) Solche Bindung der vom Prokuristen vorgenommenen Handlungen an die Genehmigung des Vormundschaftsgerichts verträgt sich aber — von der Unhaltbarkeit ihrer Konsequenzen abgesehen — auch mit dem Wesen der Prokura nicht, der eine solche Beschränkung durchaus fremd ist. Es steht also der Anwendung der in den §§ 1821, 1822, 1643, 1686 BGB. enthaltenen Bestimmungen die Vorschrift des E. HGB. Art. 2 entgegen. Andererseits kann auch unter analoger Anwendung des Satzes: nemo plus iuris transferre potest quam ipse habet nicht aus den angezogenen Stellen des BGB. gefolgert werden, daß der Prokurist gleichen Beschränkungen wie der Vormund unterliegen müsse; denn nicht aus der Vertretungsmacht des Vormunds allein leitet der Prokurist die seine ab, sondern aus einem durch die Mitwirkung des Vormundschaftsgerichts potenzierten Vertretungsakt des Vormunds. Daß es auch unter Zusammenwirken von Vormund und Vormundschaftsgericht nicht zur Erteilung einer unbeschränkten, an die Mitwirkung des Vormundschaftsgerichts nicht gebundenen Prokura kommen könne, dürfte wohl niemand ernstlich behaupten wollen.[1]

e) Ob für das innere Verhältnis darin, daß ein Rechtsgeschäft, wenn vom Vormund vorgenommen, vormundschaftsgerichtlicher Genehmigung bedarf, eine Verpflichtung des Prokuristen, ein solches Rechtsgeschäft zu unterlassen, gefunden werden kann, soll hier unerörtert bleiben; nach außen, Dritten gegenüber, ist jedenfalls das Prinzip der Genehmigungsbedürftigkeit gewisser Rechtsgeschäfte durch die Rechtssätze über die Prokura durchbrochen.

§ 7.

Außerhalb des Handelsgewerbebetriebes liegende Rechtshandlungen.

I. Abseits vom Handelsverkehr liegen die Rechtsgeschäfte des Familien- und des Erbrechts. Zu ihrer Vornahme hat der Prokurist keine Ermächtigung.[2]

Schenkungen und andere Liberalitätsakte[3] jedoch werden zwar nie das Grundgeschäft eines Handelsgewerbes bilden, sie können aber in einem Handelsgewerbebetriebe vorkommen[4] und fallen daher (vgl. oben §§ 4, 5) in den Bereich der Prokuristen-

[1] Vgl. freilich Neumann II S. 343.

[2] Cosack S. 106; Düringer I S. 178.

[3] Vgl. Behrend I S. 364; Goldmann I S. 225; RG. 3 S. 134 ff.

[4] Z. B. „wenn sich die Schenkungen darstellen entweder als Erkenntlichkeiten für im Interesse des Handelsgewerbes geleistete Dienste, oder aber wenn sie erfolgen, um dadurch eine Förderung des Handelsbetriebes zu erzielen (Borger S. 25 ff.)“. Zu denken ist unter anderem an Trinkgelder.

vollmacht. Unerfindlich ist, warum gerade hier die Vertretungsmacht des Prokuristen auf die in einem derartigen Handelsgewerbe üblichen Liberalitätsakte beschränkt sein soll.[1]

Mag auch für das Innenverhältnis allerdings als Grundsatz zu gelten haben, daß der Prokurist verpflichtet ist, sich aller derjenigen Liberalitäten zu enthalten, die nicht in concreto Handelsgeschäfte sind — für das Verhältnis nach außen ist diese innere Gebundenheit jedoch bedeutungslos[2] (vgl. unten § 9).

II. Es gibt Rechtsgeschäfte, die zwar im Handelsverkehr mehr oder weniger oft vorkommen, die aber darum nicht der Prokuristenvollmacht unterstehen, weil sie der Betrieb eines Handelsgewerbes nicht mit sich bringt, denn nur zum Betreiben eines Handelsgewerbes, nicht auch zu anderem[3] (z. B. zur Auflösung[4] des Geschäfts oder seiner Veräußerung[5]) ist der Prokurist ermächtigt. Soweit also die Beteiligung Dritter am Gewerbe seines Vollmachtgebers einer Teilveräußerung gleichkommt (siehe oben § 5), ist er zur Aufnahme von Gesellschaftern nicht ermächtigt.

Insoweit nach dem Vorstehenden dem Prokuristen die Ermächtigung zur Vornahme eines Verfügungsgeschäfts (d. h. eines die Rechtsänderung unmittelbar bewirkenden Rechtsgeschäfts) fehlt, ist er auch nicht ermächtigt, den Geschäftsinhaber zur Vornahme solcher Verfügungsgeschäfte zu verpflichten.[6]

---

[1] Wie Borger S. 26 meint. Wenn er sagt, die Beschränkung stehe nicht im Widerspruch zum Wesen der Prokura, da hier die Beschränkung notwendig erscheine zur Beurteilung der Frage, ob das Geschäft überhaupt ein Handelsgeschäft ist oder nicht, so ist ihm entgegenzuhalten, daß es nach den oben § 4 gegebenen Ausführungen, mit denen Borger S. 9 ff. übereinstimmt, gleichgültig ist, ob das Geschäft in concreto Handelsgeschäft ist, wenn es nur in abstracto Handelsgeschäft sein kann. — Unzutreffend auch Wendt bei Endemann S. 283 ff.

[2] Unrichtig auch Behrend I S. 364.

[3] Vgl. ROHG. 23 S. 28.

[4] Makower I S. 172; Goldmann I S. 226.

[5] Düringer I S. 178; Goldmann I S. 226.

[6] So wohl Makower I S. 172, wenn er sagt: „Die Vollmacht zum Betrieb schließt nicht die Vollmacht zur Aufgabe und Einstellung des Betriebs und zum Abschluß der diesem Zweck in einer dem Dritten erkennbaren Weise dienenden Rechtsgeschäfte ein.“ Richtig Borger S. 27; vgl. jedoch Makower I S. 902.

Die Veräußerung einiger oder selbst aller, dem Betrieb dienenden Gegenstände ist noch keine Veräußerung des Betriebs, steht also selbst dann in der Macht des Prokuristen, wenn infolge der Veräußerung eine Unterbrechung oder gar die Beendigung des Betriebes unvermeidlich wird.[1] Wenn DÜRINGER und HACHENBURG I^2 S. 178 dem nur unter der Voraussetzung zustimmen wollen, daß der Prokurist mit der Veräußerung der Betriebsgegenstände „nicht die Aufgabe des Handelsgewerbes bezweckt oder herbeiführt", so ist dies eine nur auf das Innenverhältnis zu beziehende Beschränkung, die Dritten gegenüber die Vollmacht des Prokuristen nicht beeinflußt.

III. Ist die Vollmacht des Prokuristen auf eine von mehreren Niederlassungen beschränkt — vgl. unten § 10 — so ist der Prokurist zur Begründung von Zweigniederlassungen nicht ermächtigt.

§ 8.

Ausdrücklich der Prokura entzogene Rechtshandlungen.

I. HGB. § 49 Abs. 2 bestimmt: „Zur Veräußerung und Belastung von Grundsätzen ist der Prokurist nur ermächtigt, wenn ihm diese Befugnis besonders erteilt ist."

a) Die Begriffe „Veräußerung" und „Belastung."[3]

Sie bestimmen sich nach dem BGB.[4] Danach sind unter Veräußerung und Belastung einer Sache die dinglichen Rechtsgeschäfte der Eigentumsübertragung bzw. der Bestellung eines begrenzten Sachenrechts zu verstehen, die bei Grundstücken die Tatbestände der Auflassung bzw. dinglichen Einigung je mit nachfolgender Eintragung umfassen.

1. Unter den Begriff der Belastung fällt auch die Bestellung einer Restkaufgelderhypothek beim Erwerbe eines Grundstücks.[5]

---

[1] BOLZE 2 S. 162ff.; GOLDMANN I S. 226; STAUB I S. 208.

[2] Und ihnen beipflichtend BORGER S. 27.

[3] BORGER S. 34ff.

[4] So MAKOWER I S. 178.

[5] So neuerdings Entscheidung des Kammergerichts vom 23. Febr. 1905 im Z. Bl. F. G. 6 S. 156ff.

Der Prokurist ist zwar zweifellos zum Erwerb[1] von Grundstücken, auch von belasteten Grundstücken, nicht aber dazu ermächtigt, beim Erwerb eines Grundstücks dieses zu belasten.[2] Bei einem Erwerbe letzterer Art liegt nicht bloß Erwerb eines belasteten Grundstücks vor, sondern Erwerb und nachfolgende Belastung eines Grundstücks. Denn die Einigung über die Hypothekenbestellung kann erst nach der Auflassung erfolgen,[3] wie es auch zur Eintragung der Hypothek erst nach Eintragung des Eigentumsüberganges kommen kann.[4]

Wirtschaftlich bedeutet aber allerdings der mit Bestellung einer Kaufgelderhypothek verbundene Erwerb eines Grundstücks nur Erwerb eines belasteten Grundstücks. Bedenkt man ferner, daß an Stelle der vom Erwerber nach der Auflassung zu bestellenden Kaufgelderhypothek der Veräußerer mit schließlich gleichem Erfolge eine Eigentümergrundschuld in gleicher Höhe begründen kann, so daß auch juristisch der Grundstückserwerb sich als bloßer Erwerb eines belasteten Grundstücks darstellt, so liegt die Annahme nahe, daß durch HGB. § 49 Abs. 2 die Bestellung einer Kaufgelderhypothek durch den Prokuristen sofort nach der Auflassung nicht ausgeschlossen werden sollte, daß es vielmehr der ratio legis um so mehr entspreche, hier eine das umständlichere Verfahren der Bestellung einer Eigentümergrundschuld und nachmaliger Umwandlung derselben in eine Hypothek entbehrlich machende Ausnahme zuzulassen, als wirtschaftlich[5] die Bestellung einer Kaufgelderhypothek beim Erwerbe des Grundstücks als eine Art der Kaufpreistilgung erscheint.

Auch nach neuem Rechte wird man also den Prokuristen für ermächtigt halten müssen, beim Grundstückserwerb eine Kaufgelderhypothek zu bestellen.[6]

---

[1] Meyer in Seuff. Bl. 70 S. 389; Goldmann I S. 227.

[2] Kaufmann 6 S. 23ff.

[3] Vorher liegt eine Willenserklärung des Verfügungsberechtigten gar nicht vor, sondern nur ein unerheblicher Konsens mit einem Nichtverfügungsberechtigten; vgl. § 185 BGB. [4] GBO. §§ 17, 19 vgl. 40.

[5] Rechtlich besteht strenge Sonderung des dinglichen Rechtsgeschäfts vom Kausalgeschäft.

[6] Anders die in Anm. 5 auf S. 30 zitierte Entscheidung; für das alte Recht gut Busch 47 S. 62.

Zur Begründung einer Eigentümergrundschuld ist der Prokurist ermächtigt, da diese keine Belastung darstellt (siehe unten b).

2. Unter Veräußerung und Belastung können nur dingliche Rechtsgeschäfte, nicht aber die auf Eigentumsübertragung und Bestellung begrenzter Sachenrechte gerichteten obligatorischen Geschäfte verstanden werden.[1] Gleichwohl widerspräche es der ratio legis, den Prokuristen zur Vornahme dieser obligatorischen Geschäfte für ermächtigt anzusehen, so daß er seinen Vollmachtgeber gültig zur Veräußerung und Belastung von Grundstücken verpflichten und dadurch indirekt den gleichen Erfolg herbeiführen könnte, dessen unmittelbare Herbeiführung ihm verwehrt ist.

3. Eine extensive Interpretation der Vorschrift HGB. § 49 Abs. 2 ist daher im Falle unter 2. ebenso unabweisbar, wie es im Falle unter 1. einer einschränkenden Auslegung bedarf. Beides erfordert die Rücksichtsnahme auf den vernünftigen Zweck des Gesetzes; aus diesem ergibt sich auch, daß der Prokurist auf Veräußerung oder Belastung von Grundstücken gerichtete Vollmachten nicht erteilen kann.

4. Vermietung und Verpachtung sind rein obligatorische Rechtsgeschäfte ohne dingliche Wirkung.[2] Der Prokurist ist daher ermächtigt, Miet- und Pachtverträge über Grundstücke seines Vollmachtgebers abzuschließen.[3]

b) Grundstücke.

Unter Grundstücken sind nur unbewegliche Sachen zu verstehen;[4] doch werden rechtlich als Grundstücke behandelt Erb-

---

[1] So auch Cosack S. 106; anders Borger S. 41, der mit einem wirtschaftlichen Begriff der Veräußerung und Belastung operiert. Die übrige Handelsrechtsliteratur schweigt zu diesem Punkte. In der Lehre von den Veräußerungsverboten nehmen Stellung zur gleichen Frage: Dernburg Pand. I S. 504; Kohler in der Kr. V. 19 S. 143ff.; Schröder S. 27; Windscheid I S. 795ff.

[2] Vgl. insbesondere v. Brünneck bei Guchot 42 S. 291ff.; Crome bei Ihering 37 S. 1ff.; Düringer I S. 178; Goldmann I S. 227; Staub I S. 209; falsch Cosack BR. II S. 272ff. Fälschlich hält Allfeld I S. 257 die Vermietung für eine Veräußerung, während Cosack S. 106 in ihr eine Belastung sehen will.

[3] Richtig Lehmann-R. I S. 185.

[4] Wegen der Bahneinheit vgl. M. Schr. 11 S. 17ff.

baurecht (§ 1017 BGB., vgl. E. BGB. Art. 184), Erbpachtrecht (E. BGB. Art. 63), Abbaurecht (E. BGB. Art. 68) und allgemein nach Landesrecht auch die Berggerechtigkeiten: Auch zu ihrer Bestellung und Übertragung wird der Prokurist besonderer Ermächtigung bedürfen.

Nicht gelten als Grundstücke andere begrenzte Sachenrechte an Grundstücken oder grundstücksgleichen Rechten.[1] Der Prokurist ist also zur Verfügung über die seinem Vollmachtgeber an fremden Grundstücken zustehenden dinglichen Rechte ermächtigt; zur Verfügung über eine Eigentümergrundschuld wird er aber nur insoweit Ermächtigung haben, als er damit nicht zugleich das behaftete Grundstück belastet: In der Übertragung der Eigentümergrundschuld liegt, da die Eigentümergrundschuld als ius in re propria richtiger Ansicht nach nicht selbst eine Belastung des Grundstücks bedeutet,[2] stets eine Belastung des Grundstücks.

Über Ansprüche seines Vollmachtgebers auf Übereignung und Belastung fremder Grundstücke kann der Prokurist verfügen.

c) Die besonders erteilte Befugnis zur Veräußerung und Belastung[3] von Grundstücken.

1. Das Requisit der besonderen Erteilung bedeutet, daß dem Prokuristen neben der Prokura noch die Ermächtigung zur Veräußerung erteilt sein muß. Daß diese Erteilung ausdrücklich erfolgen müsse, verlangt das Gesetz nicht, läßt also auch die Erteilung durch konkludente Handlung zu.[4] Ob in der Anordnung einer Gesamtvertretung im Sinne von HGB. §§ 125 Abs. 3, 232 Abs. 2 eine solche stillschweigende Erteilung der Veräußerungsbefugnis zu sehen ist, darüber vgl. § 11 unten.[5]

---

[1] Lehmann-R. I S. 135; falsch Düringer I S. 178.

[2] Vielmehr als ein „das Eigentum gegenüber seinen Beschränkungen (sc. durch die der Eigentümergrundschuld nachstehenden Belastungen) steigerndes Recht“ erscheint.

[3] Im folgenden soll der Kürze halber nur von Veräußerungsbefugnis und Veräußerung gesprochen werden.

[4] Borger S. 31.

[5] Für die Regel bejahend Borger S. 31 ff.; vgl. Lehmann-R. I S. 267, 468; Makower I S. 337, 498, 902; Staub I S. 209 ff., 404. Dagegen Fittig S. 34. Vermittelnd Gareis HGB. S. 129. Vgl. noch Meyer in Seuff. Bl. 70 S. 386.

2. Natürlich kann die Befugnis zur Veräußerung ebensowohl unter Beschränkung auf einen bestimmten Fall als im allgemeinen für alle Fälle erteilt werden. Stets aber entspricht dem von der Prokuristenbestellung gesonderten Rechtsgeschäft der Erteilung einer Veräußerungsvollmacht auch eine von der Prokuristenvollmacht gesonderte Veräußerungsvollmacht. Die Behauptung,[1] im Falle einer generell erteilten Befugnis zur Veräußerung werde der Umfang der Prokura um die Veräußerungsbefugnis erweitert, steht völlig in der Luft. Denn

α) einmal verträgt der gesetzlich festgelegte Umfang der Prokura eine Erweiterung überhaupt nicht, wie im folgenden Paragraphen dargelegt werden soll.

β) Ferner steht dieser Annahme der Umstand entgegen, daß die Veräußerungsbefugnis auch durch konkludente Handlung erteilt werden kann (oben sub 1.), während es zur Prokuristenbestellung stets einer ausdrücklichen Erklärung bedarf (oben § 2).

γ) Schließlich würde,[2] wenn die Veräußerungsbefugnis Bestandteil einer — erweiterten — Prokuristenvollmacht wäre, ihre Streichung als unzulässige (unten § 9) Beschränkung des gesetzlichen Umfangs der Prokura erscheinen, also nach außen Wirkung nicht haben — ein wenig erwünschtes Ergebnis.

δ) Vielmehr ist zu sagen: Die Veräußerungsbefugnis ist eine von der Prokura gesonderte Vollmacht[3] — sei es des bürgerlichen, sei es des Handelsrechts (§ 54 HGB.) —; als solche ist sie der Eintragung ins Handelsregister nicht fähig.

3. Ist das Handelsgewerbe, für dessen Betrieb der Prokurist bestellt ist, auf Handel mit Immobilien gerichtet — was nach dem Handelsgesetzbuch vom 10. Mai 1897 im Gegensatz zum früheren Recht möglich ist —, so tritt der merkwürdige Fall ein,

---

[1] Vgl. Seuff. Bl. (Meyer) 70 S. 387; Cosack S. 107; EFG. 3 S. 231ff.; Johow 25A S. 250ff.; Laband bei Goldschmidt 10 S. 207; Goldmann I S. 227; Makower I S. 173, 178; OLGRspr. 6 S. 186ff.; Stegmann S. 28, 34ff. Typisch Makower I S. 173: „Die Ermächtigung ist, wenn erteilt, Teil der Prokura, nicht eine davon verschiedene Vollmacht . . .; die Erteilung ist auf Antrag im Handelsregister zu vermerken . . .“ Richtig Fittig S. 35ff.; Wendt bei Endemann I S. 281.

[2] Fittig S. 35ff.

[3] Thöl I S. 191; Heintz S. 19.

daß der Prokurist mangels besonderer Handelsvollmacht zur Vornahme der Grundgeschäfte des Handelsgewerbes nicht ermächtigt ist,[1] soweit diese nämlich in Veräußerung und Belastung von Grundstücken[2] des Geschäftsinhabers bestehen.

II. HGB. § 48 Abs. 1 gibt dem Rechtsgeschäft der Prokuraerteilung den Charakter einer höchstpersönlichen Handlung (oben § 6), da bestimmt wird: „Die Prokura kann nur von dem Inhaber des Handelsgeschäfts oder seinem gesetzlichen Vertreter . . . erteilt werden.“ Mit dieser Vorschrift steht in Zusammenhang die des HGB. § 52 Abs. 2: „Die Prokura ist nicht übertragbar.“

a) Dem Prokuristen ist also durch ausdrückliche Gesetzesvorschrift die Ermächtigung entzogen, seinerseits Prokuristen zu bestellen.[3] Fehlte eine solche Vorschrift, so wäre er nach der Umfangsbestimmung des HGB. § 49 Abs. 1 zur Prokuraerteilung ermächtigt.[4]

b) Für die Übertragung gilt das gleiche wie für die Prokuristenbestellung überhaupt. Beide sind ihrem Wesen nach dasselbe; denn beide bestehen darin, daß eine Person mit einer unbeschränkbaren (unten § 9) Machtfülle gesetzlich bestimmten Umfangs ausgerüstet wird, die ihr bisher — zum mindesten in solcher Unbeschränkbarkeit — nicht zustand; ob diese Person zu einer in gleicher Stellung befindlichen hinzutritt (sei es als Voll- oder als [unten § 11] Gesamtprokurist), oder ob sie (Fall der Übertragung im engeren Sinne) den bisherigen Prokuristen ersetzt, ist völlig unerheblich.[5] Die erst durch die Reichstags-

---

[1] Meyer in Seuff. Bl. 70 S. 387; Borger S. 32; Lehmann-R. I S. 135.

[2] Und grundstücksgleichen Rechten, nicht in bloßer Verfügung über die auf Eigentumsübertragung gerichteten Ansprüche des Geschäftsinhabers — siehe oben vor c).

[3] Vgl. auch Wendt bei Endemann I S. 281 ff.; Heintz S. 20.

[4] Borger S. 44.

[5] Behrend I S. 363: „Ein Unterschied zwischen substitutionsweiser Übertragung der Prokura und Bestellung eines zweiten — selbständigen — Prokuristen, Thöl S. 192; Wendt S. 281, läßt sich nicht machen. Unzulässig ist übrigens auch, daß der Prokurist die ihm erteilte Prokura in eine Kollektivprokura umwandelt.“ Vgl. Wendt bei Endemann I S. 281 und Allfeld I S. 256, 310 ff.

kommission eingefügte Vorschrift des HGB. § 52 Abs. 2 folgt aus HGB. § 48 Abs. 1.[1]

c) Die besondere Hervorhebung, daß die Prokura nicht übertragbar sei, hat sonach lediglich die Bedeutung, eine durch § 58 HGB. nahegelegte Zweifelsfrage zu lösen. § 58 HGB. bestimmt: „Der Handlungsbevollmächtigte kann ohne Zustimmung des Inhabers des Handelsgeschäfts seine Handlungsvollmacht auf einen anderen nicht übertragen.“

Man könnte daraus schließen, daß der Prokurist — dessen Vertretungsmacht grundsätzlich die Handlungsvollmacht an Umfang übertrifft — zur Substitution in gleicher Weise besonders ermächtigt werden kann, wie es möglich ist, ihm die Befugnis zur Veräußerung von Grundstücken besonders zu geben. Einer solchen Auffassung tritt HGB. § 52 Abs. 2 entgegen: Die Übertragung der Prokura durch den Prokuristen ist auch dann ausgeschlossen, wenn ihm dazu besonders (ausdrücklich oder stillschweigend, generell oder speziell) die Befugnis erteilt sein sollte; der Prokurist kann vielmehr zur Übertragung der Prokura gültig überhaupt nicht ermächtigt werden.[2] Hinsichtlich der Substitution ist also der Prokurist größeren Beschränkungen unterworfen,[3] als der Handlungsbevollmächtigte, dem die Übertragung seiner Handlungsvollmacht in ihrem vollen Umfange gestattet werden kann.

Nichts steht jedoch entgegen, daß der Prokurist seine Vertretungsmacht teilweise einem anderen überträgt,[4] ohne dazu besonders ermächtigt worden zu sein — doch dann überträgt er eben nicht die Prokura, der die Unteilbarkeit wesentlich ist, sondern bestellt kraft der Prokura einen Handlungsbevollmächtigten. Dazu ist er ermächtigt. Ob der Prokurist die Summe der in der Prokura enthaltenen Befugnisse[5] in der Form einer Generalhandlungsvollmacht einem anderen erteilen kann, soll dahingestellt

---

[1] Goldmann I S. 235.

[2] Richtig Borger S. 45; Goldmann I S. 235; Lehmann-R. I S. 138; Staub I S. 212.

[3] Staub I S. 212.

[4] Lehmann-R. I S. 138.

[5] Wendt bei Endemann I S. 279: „Bei völlig gleichen Gewalten kann jemand Prokurist sein und es nicht sein.“

bleiben; jedenfalls kann er dieser Summe die Einheit nicht dadurch geben, daß er sie mit der Unbeschränkbarkeit nach außen (unten § 9) ausstattet.[1]

Zweite Abteilung.

Die rechtsgeschäftliche Unbeschränkbarkeit der Prokura.

§ 9.

Der Grundsatz.

I. In Zusammenfassung der bisherigen Ergebnisse kann gesagt werden: Die Prokura ist eine Vollmacht von gesetzlichem Umfang; sie wird zwar durch Rechtsgeschäft begründet („erteilt"), ihr Anwendungsgebiet aber bestimmt sich allein[2] nach dem Gesetz.

Die gesetzliche Umfangsbestimmung der Prokura ist zwingenden Rechts (Anmerkungen 2 u. 3 auf Seite 5); sie duldet keine Abänderung durch Rechtsgeschäft.. Das bedeutet ein Doppeltes:

a) Der gesetzliche Umfang der Prokura kann durch Rechtsgeschäft nicht erweitert[3,4] werden.

Es bleibt zwar jedem Vollkaufmann unbenommen, seinen Prokuristen mit einer Vertretungsmacht auszustatten, die über die kraft der Prokura ihm zustehende Vertretungsmacht hinausgeht, nicht aber kann er bestimmen, daß sich die Prokura auf Handlungen erstrecken solle, zu denen sie nach dem Gesetze

---

[1] Vgl. auch Wendt bei Endemann I S. 283: „Denn nicht die Erteilung einer allumfassenden Handelsvollmacht macht ja den Prokuristen aus, sondern es muß ihm eben Prokura erteilt werden."

[2] Thöl I S. 193; vgl. Wendt bei Endemann I S. 280: „Diese Vorschrift (sc. über die Eintragungspflichtigkeit der Prokura) hat nur dann Sinn und Bedeutung, wenn auch über den Umfang der Vertretungsbefugnisse völlige Klarheit und eine jeden Zweifel und jede Frage ausschließende Gewißheit hergestellt zu werden vermag."

[3] Thöl I S. 193; Bie S. 36; Borger S. 52; falsch Cosack S. 107; Staub I S. 404.

[4] Insofern ist die Überschrift dieser Abteilung zu eng gefaßt.

nicht ermächtigt, d. h.: Eine Erweiterung der Vertretungsmacht des Prokuristen ist nie eine Erweiterung der Prokura; zufolge Zusammenfallens der Person des Prokuristen mit der Person des Trägers einer außerhalb der Prokura liegenden Vertretungsmacht kann sich die letztere zwar an die Prokura anreihen und sie, wirtschaftlich betrachtet, ergänzen, kann jedoch nie mit der Prokura derart zu einer Einheit verschmolzen werden, daß sie juristisch Bestandteil der Prokura würde.

Vielmehr stellt jede über das Maß der Prokura hinaus an einen Prokuristen erteilte Vertretungsmacht eine besondere Vollmacht — sei es des bürgerlichen,[1] sei es des Handelsrechts[2] — dar, die den Rechtssätzen über die Prokura nicht untersteht.[3]

Anderer Meinung sind für den Fall einer infolge HGB. § 49 Abs. 2 besonders erteilten Ermächtigung zur Veräußerung und Belastung von Grundstücken die in Anmerkung 1 auf Seite 34 Aufgeführten. Die Vertreter dieser Meinung müssen konsequenterweise verlangen, daß die besondere Erteilung der Veräußerungsbefugnis zugleich eine ausdrückliche Erteilung sei; dann sind sie genötigt, die stillschweigend erteilte Veräußerungsbefugnis, weil nicht dem § 48 HGB. entsprechend, von den Rechtssätzen über die Prokura auszuschließen. Wegen Verstoßes gegen § 50 HGB. müßten ferner die unter Einschränkungen erteilte generelle Veräußerungsbefugnis, sowie jede spezielle Veräußerungsvollmacht ausscheiden. Übrig bliebe sonach nur die ausdrücklich, generell und uneingeschränkt erteilte besondere Ermächtigung zur Veräußerung und Belastung von Grundstücken; warum gerade diese den Rechtssätzen über die Prokura[4] unterstehen soll, ist nicht einzusehen.

---

[1] So Bie S. 36.

[2] So Thöl I S. 191.

[3] Und insbesondere nicht eintragungsfähig ist.

[4] Und zwar gegen den Willen des Vollmachtgebers, ipso iure! Wenn übrigens in der Literatur, vgl. Makower I S. 173, stets nur der Eintragungsfähigkeit, nicht auch der Registerpflichtigkeit solcher besonderer Ermächtigung gedacht wird, so muß dem entgegengetreten werden, da durch diese Ausdrucksweise der Anschein erweckt werden kann, als ob die Veräußerungsvollmacht von § 53 HGB. ausgenommen, also nur teilweise den

Warum eine sogenannte gemischte Gesamtvertretung keine Erweiterung der Prokura bedeutet, soll unten § 11 erörtert werden.

b) Der gesetzliche Umfang der Prokura duldet aber vor allem auch keine Beschränkung durch Rechtsgeschäft, und zwar weder durch das Rechtsgeschäft der Prokuraerteilung selbst, noch nach erfolgter Prokuristenbestellung.[1]

1. Treffend bemerken LEHMANN und RING I S. 136: „Die Prokura ist nicht bloß eine abstrakte, sondern zugleich eine absolute Vollmacht, d. h. sie kann überhaupt nicht eingeschränkt werden, ihre Erteilung hat insofern die Natur eines actus legitimus . . . Entweder ganze oder keine Prokura, soweit das Gesetz nicht besondere Ausnahmen[2] zuläßt.“

Wenn nun HGB. § 50 Abs. 1 bestimmt: „Eine Beschränkung des Umfanges der Prokura ist Dritten gegenüber unwirksam“, so bedeutet dies mit Rücksicht darauf, daß das Wesen jeder Vollmacht in ihrer Wirkung nach außen, dem Dritten gegenüber zu suchen ist, folgendes: Jede Beschränkung des Prokuraumfangs ist, weil dem Dritten gegenüber bedeutungslos, überhaupt hinsichtlich der Prokura unbeachtlich, berührt die Prokura in Wahrheit nicht;[3] ist vielmehr „als nicht beigesetzt zu betrachten“.[4] Ist danach zweifellos jede nachträgliche Beschränkung der Prokura unbeachtlich, so muß gleiches für die eingeschränkte Erteilung gelten, d. h.: „Prokuraerteilung unter Einschränkungen läßt eine Prokura mit dem vollen gesetzlichen Umfange entstehen.“[5]

Vorschriften §§ 48ff. HGB unterstellt sein solle. Für eine derartige Differenzierung, welche die Nichtanwendbarkeit von § 15 HGB. zur Folge hätte, fehlte es aber vollends an einem Grunde.

[1] Auch das etwaige innere Rechtsverhältnis ist ohne Einfluß; vgl. oben §§ 2 I und 4 IVb 1.

[2] Eine solche Ausnahme scheint BORGER S. 16 als durch BGB. § 181 zugelassen zu erachten; vgl. oben § 4 IVb 1, insbesondere Anm. 2 auf S. 15.

[3] Richtig BEHREND I S. 364: „Eine Willenserklärung, die auf Erteilung einer Prokura in beschränkterem als dem gesetzlichen Umfang gerichtet ist, müßte streng genommen, weil etwas Unmögliches bezweckend, als ungültig betrachtet werden. Abweichend hiervon bestimmt das Handelsgesetzbuch, daß die Beschränkungen Dritten gegenüber unwirksam sein sollen.“

[4] BORGER S. 48.

[5] FITTIG S. 45.

Für das Innenverhältnis zwischen dem Prokuristen und dem Geschäftsherrn allerdings — die Beschränkung ist nur Dritten gegenüber unwirksam — kommt solcher Beschränkung die von den Parteien gewollte Bedeutung zu:[1] Der Prokurist ist dem Geschäftsherrn gegenüber verpflichtet, seine Vertretungsmacht in dem beschränkten Umfange zu gebrauchen.

2. Die Bedeutung das § 50 HGB. liegt vorwiegend darin, daß bestimmt wird: Ein vom Prokuristen vorgenommenes Rechtsgeschäft ist nicht schon deswegen als außerhalb der Prokura liegend und für den Geschäftsherrn unverbindlich zu erachten, weil der Prokurist durch Vornahme des Geschäfts einer der Prokura willkürlich gesetzten Einschränkung entgegengehandelt hat.[2] Trotz solcher Beschränkung kommt ein vollwirksames Rechtsgeschäft zustande, sofern es nur innerhalb des gesetzlich bestimmten Umfangs der Vertretungsmacht liegt[2]; für eine Schadensersatzpflicht des Prokuristen dem Dritten gegenüber nach § 179 BGB. ist somit hier kein Raum.[3,4]

Der Dritte kann sich auf die Vollwirksamkeit eines vom Prokuristen der ihm auferlegten Beschränkung zuwider vorgenommenen Rechtsgeschäftes selbst dann verlassen, wenn er die Beschränkung kannte;[5] denn „er weiß nur, daß eine ungültige Beschränkung der Vollmacht beigefügt ist (Thöl I S. 191).“ An diesem Ergebnis würde auch der Umstand nichts ändern,[6] daß die Beschrän-

---

[1] Lehmann-R. I S. 136: Das Gesetz bezieht die Beschränkung „auf das Kausalgeschäft, nicht auf die Vollmacht“. So auch Wendt bei Endemann I S. 283.

[2] Allfeld I S. 261.

[3] Borger S. 49.

[4] Im Innenverhältnis freilich kann die verbotswidrige Vornahme eines innerhalb der Prokura liegenden Rechtsgeschäfts den Prokuristen seinem Vollmachtgeber gegenüber schadensersatzpflichtig machen.

[5] Allfeld I S. 261; Striethorst 68 S. 348 ff.; Borger S. 50; Cosack S. 107; Düringer I S. 169, 179; Wendt bei Endemann I S. 283; Gareis S. 105 ff.; HGB. S. 70; Goldmann I S. 229; Gierke bei Holtzendorff-Kohler I S. 921; Lehmann-R. I S. 136; Makower I S. 174; Staub I S. 210; Thöl I S. 191; Laband bei Goldschmidt 10 S. 216; dagegen Busch bei Busch 1 S. 52 ff.

[6] Borger S. 50; Gareis HGB. S. 70; Goldmann I S. 228 ff.; Staub I S. 209 ff.

kung — was unzulässig wäre [1] — ins Handelsregister eingetragen ist.

II. In der Literatur [2] pflegt in diesem Zusammenhange die Wirkung sogenannter Kollusion [3] erörtert und dabei zuweilen der Anschein erweckt zu werden, als ob im Falle der Kollusion den — sonst unzulässigen — Beschränkungen der Prokura durch den Geschäftsherrn die Bedeutung einer echten Vollmachtsbeschränkung nicht versagt sei.

Demgegenüber muß mit Staub I S. 408 betont werden, daß im Falle der Kollusion das vom Prokuristen vorgenommene Rechtsgeschäft, weil gegen die guten Sitten verstoßend (§ 138 BGB.), nichtig ist: [4] „Es liegt hier keine Ausnahme von der Vertretungsmacht vor, sondern das Dazwischentreten eines anderen Grundes, der trotz vorhandener Vertretungsbefugnis den Rechtserwerb hindert.“

Daß im Falle der Kollusion keine Beschränkung der Prokura durch das innere Verhältnis vorliegt, ergibt sich daraus, daß Kollusion auch dann [5] denkbar ist, „wenn die Prokura schrankenlos erteilt ist, wenn z. B. der Dritte eine Ware vom Prokuristen zu einem niedrigeren Preise sich verkaufen läßt, um durch den Gewinn eine Forderung gegen den Prokuristen zu begleichen (Lehmann-R. I S. 136)“: Auch dann hat die Kollusion die obengeschilderte Wirkung, das vorgenommene Rechtsgeschäft nichtig zu machen; Kollusion läßt also eine Beurteilung nach

---

[1] Borger S. 50; Gareis HGB. S. 70; Goldmann I S. 228ff.; Staub I S. 209.

[2] Allfed I S. 261; Borger S. 50ff.; Cosack S. 107; Düringer I S. 179; Gareis HGB. S. 70; Goldmann I S. 229; Lehmann-R. I S. 136; Makower I S. 174; Staub I S. 210, 408; Stegmenn S. 48.

[3] Sie liegt dann vor, wenn der Prokurist absichtlich zum Nachteile des Geschäftsherrn handelt und der Dritte doli particeps ist. Anders Busch bei Busch 1 S. 52ff.; richtig Bolze 4 S. 136, 21 S. 277.

[4] RG. 9 S. 149 und Zitate; vgl. Dernburg III S. 263.

[5] So schon Behrend I S. 365: „Umgekehrt ist eine Kollusion möglich, auch ohne daß dem Prokuristen Beschränkungen auferlegt sind.“ Ähnlich Gierke bei Holtzendorff-Kohler I S. 921.

§ 177 ff. BGB. und damit eine Konvaleszenz des betreffenden Rechtsgeschäfts überhaupt nicht zu.[1]

Übrigens muß schon deswegen der Fall der Kollusion als ungeeignet erscheinen, eine Beschränkung der Vertretungsmacht herbeizuführen, weil er begrifflich ein doloses Zusammenwirken des Prokuristen mit dem Dritten voraussetzt, also die Vollmachtsbeschränkung von einem ganz zufälligen und in der Person des Dritten liegenden, rein subjektiven Momente abhinge.

Die Rechtssätze von der Kollusion begründen nach alledem keine Ausnahme von dem Grundsatze, der Prokuraumfang könne durch Rechtsgeschäft nicht beschränkt werden.

III. Ob die Beschränkung des Prokuristen auf eine von mehreren Niederlassungen oder die Anordnung einer Kollektivvertretung — vom Gesetze zugelassene — Ausnahmen von Grundsatze des HGB. § 50 Abs. 1 bedeuten, soll in den beiden Schlußparagraphen untersucht werden.

IV. Hier bleibt nur noch übrig, auf die im HGB. § 50 Abs. 2 enthaltene Kasuistik einzugehen. Danach ist insbesondere unzulässig

a) die Beschränkung auf gewisse Geschäfte oder gewisse Arten von Geschäften. Anders § 54 HGB. für die Handlungsvollmacht.

b) Auch kann nicht bestimmt werden, daß die Prokura nur unter gewissen Umständen ausgeübt werden solle, z. B. nur während der Ortsabwesenheit des Geschäftsinhabers, oder nur gegenüber einzeln bestimmten Personen. Erteilung der Prokura gegenüber dem Dritten,[2] demgegenüber der Prokurist seine Prokura allein ausüben soll (§ 167 BGB.), begründet volle Prokura gegen-

---

[1] Nicht eine Schadensersatzpflicht des Prokuristen gegenüber dem Dritten nach § 179 BGB., sondern eine Schadensersatzpflicht des Dritten und des Prokuristen gegenüber dem Geschäftsherrn nach § 826 BGB. ist begründet. Vgl. Borger S. 49, 51.

[2] Hierbei ist zu beachten, daß, abgesehen von den Erfordernissen der Ausdrücklichkeit, der Vollkaufmannseigenschaft des Vollmachtgebers und des § 50 HBG, die Prokuraerteilung besonderen Handelsrechtssätzen nicht unterstellt ist, weswegen gemäß E. HGB. Art. 2 das bürgerliche Recht ergänzend eingreift. Richtig Staub I S. 205.

über jedermann.[1] Nicht aber kann BORGER S. 51 ff. beigetreten werden, wenn er unter Berufung auf LEHMANN-R. I S. 132 meint, daß die besondere Mitteilung des Geschäftsherrn an einen bestimmten Dritten, er habe einem anderen Prokura erteilt, dem als Prokuristen Bezeichneten volle Prokura gebe: Die Anzeige, daß jemand zum Prokuristen bestellt sei, ist noch keine Prokuraerteilung;[1,2] ist also in Wahrheit Prokura nicht erteilt, so hat der als Prokurist Angezeigte gemäß § 171 BGB. eine gewöhnliche Vollmacht (bzw. Handlungsvollmacht) weitesten Umfangs allein gegenüber dem Mitteilungsempfänger;[3] ist aber die angezeigte Prokuraerteilung wirklich erfolgt, wozu nach den obigen Ausführungen Erteilung durch Erklärung gegenüber einem Dritten genügt, so kann der besonderen Mitteilung keine prokurabegründende Wirkung mehr zukommen.[4]

c) Auch die in zeitlicher und örtlicher Hinsicht der Ausübung der Prokura gesetzten Schranken sind Dritten gegenüber unwirksam; insbesondere gilt dies für Bestimmungen, wonach trotz HGB. § 52 Abs. 3 die Prokura mit dem Tode des Geschäftsinhabers erlöschen solle[5] oder der Prokurist nur innerhalb eines einzelnen Bundesstaates von seiner Prokura Gebrauch machen solle.

§ 10.

Beschränkung auf eine von mehreren Niederlassungen.

HGB. § 50 Abs. 3 bestimmt: „Eine Beschränkung der Prokura auf den Betrieb einer von mehreren Niederlassungen des Geschäftsinhabers ist Dritten gegenüber nur wirksam, wenn die Niederlassungen unter verschiedenen Firmen betrieben werden.

---

[1] Falsch STAUB I S. 206.

[2] Ebenso ist irrtümliche Registrierung und Publikation der Bestellung eines nichtbestellten Prokuristen unwirksam, da sie das Vorhandensein der Bestellungserklärung voraussetzt, nicht diese ersetzt: FUCHSBERGER S. 115; vgl. LEHMANN-R. I S. 66; MAKOWER I S. 76.

[3] Richtig MAKOWER I S. 170.

[4] Sie kann jedoch für die Anwendung von § 15 HGB. Bedeutung erlangen.

[5] Richtig WENDT bei ENDEMANN I S. 286.

Eine Verschiedenheit der Firmen im Sinne dieser Vorschrift wird auch dadurch begründet, daß für eine Zweigniederlassung der Firma ein Zusatz beigefügt wird, der sie als Firma der Zweigniederlassung bezeichnet."

I. „Firma" heißt der kaufmännische Name des Vollkaufmanns (§ 17 HGB.). Der Minderkaufmann hat keine Firma (HGB. § 4); da der Minderkaufmann auch einen Prokuristen nicht haben kann (oben § 2), ist ein Prokurist nur denkbar dort, wo eine Firma besteht. Insofern schon ist die Prokuristenstellung vom Vorhandensein einer Firma abhängig. Aber noch enger sind Prokurist und Firma miteinander verknüpft: Nur für eine bestimmte Firma wird der Prokurist bestellt.[1] Denn die Prokura kann — HGB. § 48 Abs. 1 — „nur von dem Inhaber des Handelsgeschäfts (sc. für das der Prokurist bevollmächtigt werden soll) erteilt werden"; mehrere Firmen aber bedeuten rechtlich mehrere Handelsgeschäfte[2] — nur in seiner Eigenschaft als Inhaber des einen, nicht auch des anderen Handelsgewerbes kann ein (sit venia verbo!) „Doppelkaufmann" Prokura für eines seiner beiden Handelsgeschäfte erteilen. Darum vertritt der Prokurist auch nur die kaufmännische Persönlichkeit, auf die er seine Prokuristenstellung zurückführt; diese kaufmännische Persönlichkeit gründet aber wiederum in der Inhaberschaft eines bestimmten Handelsgewerbes oder, wie man auch sagen kann, in einer bestimmten Firma: Der Prokurist vertritt („personifiziert") eine bestimmte kaufmännische Persönlichkeit von bestimmtem kaufmännischen Namen, d. h. von bestimmter Firma, seine Vertretungsmacht hat Geltung für eine Firma, auf die sie sich beschränkt, die sie aber voll erfaßt.

II. Daraus folgt:

a) Das Gesetz spricht zu Unrecht[3] von der „Beschränkung"

---

[1] Richtig Allfeld I S. 262; Burger S. 54; Lehmann-R. I S. 136; Staub I S. 210.

[2] Wobei nichts darauf ankommt, ob sie wirtschaftlich selbständig sind oder sich zu einer Einheit zusammenschließen; anderer Ansicht anscheinend Makower I S. 175.

[3] Zustimmend Fittig S. 45ff.; v. Hahn I S. 245; Lehmann-R. I S. 136; Staub I S. 210. Anderer Meinung Cosack S. 108; Goldmann I S. 228 und zum Teil Makower I S. 175.

der Prokura auf eine von mehreren verschieden firmierenden Niederlassungen desselben Kaufmanns. Diese „Beschränkung" ist vielmehr die naturgemäße Folge der Prokuraerteilung, die sich stets auf nur eine bestimmte Firma bezieht;[1] Bestellung derselben Person zum Prokuristen für mehrere Firmen desselben Kaufmanns zerlegt sich begrifflich in so viele Bestellungsgeschäfte, als Firmen vorhanden sind, auf die sich die Prokura erstrecken soll: Mehrere Prokuraträger vereinigen sich zufällig in einer und derselben physischen Person.[2]

b) Stellt sich die Vorschrift des HGB. § 50 Abs. 3 Satz 1 sonach als eine — im Gesetz entbehrliche — Folgerung aus dem Grundsatz dar, daß die Prokura stets nur für eine bestimmte Firma gilt, so ist ihr immerhin eine gewisse Bedeutung insofern nicht abzusprechen, als sie klarstellt, daß die für eine Firma erteilte Prokura sich auf alle Niederlassungen des Vollmachtgebers erstreckt, die dieselbe Firma führen:[3]

Eine dahingehende Bestimmung, die Prokura solle nur eine dieser gleichfirmierenden Niederlassungen erfassen, ist also selbst dann unwirksam, wenn diese an zwei verschiedenen Orten liegen und sich keineswegs wirtschaftlich zu einer Einheit zusammenschließen, sondern dem Betriebe voneinander völlig unabhängiger Handelsgewerbe dienen.[4]

Die für eine Firma erteilte Prokura bezieht sich auch auf alle die unter derselben Firma gehenden Niederlassungen, die durch einen Zusatz zur Firma das Vorhandensein eines Haupt- und Zweigniederlassungsverhältnisses ausdrücken; d. h. die für

---

[1] Gut Busch bei Busch 1 S. 54.

[2] Es bleibt also dem Inhaber mehrerer Handelsniederlassungen von absolut verschiedener Firma überlassen, für jede einzelne eine andere Person als Prokuristen zu bestellen — das ist, im Gegensatz zu dem im Text gegebenen, der Normalfall. Vgl. v. Hahn I S. 245.

[3] Weiter geht Makower I S. 175: „Die Firmenverschiedenheit hat nicht bereits als solche die Beschränkung der Prokura zur Folge."

[4] Allfeld I S. 262 und mit ihm Borger S. 53ff. Die völlige Unabhängigkeit der Betriebe ist kein Hindernis, da die Firma nicht durch den Gegenstand des Handelsgewerbes individualisiert wird.

eine von mehreren unter gleicher,[1] nur durch den ebengedachten Zusatz zu der gemeinsamen Firma unterschiedener Firma gehenden Niederlassungen — sei es für die als Hauptniederlassung, sei es für die oder eine der als Nebenniederlassung bezeichneten Niederlassungen — erteilte Prokura erstreckt sich auf sämtliche Niederlassungen. Denn die Beisetzung eines die Eigenschaft als Haupt- oder Zweigniederlassung andeutenden Zusatzes begründet, wie sich argumento e contrario aus HGB. § 50 Abs. 3 Satz 2 ergibt, keine Firmenverschiedenheit im Sinne der §§ 17 ff. (insbesondere des § 30 HGB.).

1. Erst hier bringt HGB. § 50 Abs. 3 die Zulassung einer Ausnahme von dem Grundsatze, daß von der für eine Firma erteilten Prokura nicht einzelne dieselbe Firma tragenden Niederlassungen ausgenommen werden können. Denn HGB. § 50 Abs. 3 Satz 2 bestimmt, daß der Inhaber mehrerer gleichfirmierender Niederlassungen die zu erteilende Prokura auf eine von diesen Niederlassungen (die Haupt- oder die Nebenniederlassung) beschränken kann, daß es also in seinem Belieben steht, herbeizuführen, daß insoweit[2] die unter gleicher Firma betriebenen Niederlassungen als unter verschiedenen Firmen betrieben rechtlich beurteilt werden. Voraussetzung ist dabei nur das Vorhandensein des vom Gesetze gedachten Zusatzes.

Also: Das Vorhandensein eines solchen Zusatzes bewirkt noch nicht, daß sich jede innerhalb des Betriebes des aus den mehreren Niederlassungen bestehenden Handelsgeschäfts erteilte Prokura notwendig (wie bei absoluter Firmenverschiedenheit —

---

[1] Ob Gleichheit der Firmen (von den hier erwähnten und den nach HGB. § 30 Abs. 3 erforderlich werdenden Zusätzen abgesehen) für den Begriff der Zweigniederlassung derart wesentlich ist, daß jede Niederlassung, die eine von der der Hauptniederlassung absolut verschiedene Firma annimmt, aufhört, Zweigniederlassung zu sein (so Lehmann-R. I S. 59; ähnlich Staub I S. 164; anders Behrend I S. 224; Düringer I S. 132; Goldmann I S. 229; Makower I S. 98), kann hier dahingestellt bleiben, da hier eben stets auf die Gleichheit (bzw. nur relative Verschiedenheit) im Gegensatz zur (absoluten) Verschiedenheit der Firmen abzustellen ist.

[2] D. h. nur hinsichtlich der Prokuraerteilung; in anderen Beziehungen reichen die in HGB. § 50 Abs. 3 Satz 2 gekennzeichneten Zusätze nicht aus, eine Firmenverschiedenheit zu begründen.

siehe oben sub a) auf eine dieser Niederlassungen beschränkt, aber es bewirkt, daß der Inhaber die Beschränkung anordnen kann. Ob der Inhaber eine derartige Anordnung[1] getroffen hat, ist in jedem Falle besonders zu prüfen; ergeben sich bei Beurteilung dieser Frage (d. h. bei Auslegung der rechtsgeschäftlichen Erklärung des Vollmachtgebers) Zweifel, so wird das Fehlen einer beschränkenden Anordnung zu vermuten sein.

2. Das unter 1. Gesagte greift überall Platz, wo ein Kaufmann mehrere nur relativ verschieden firmierende Niederlassungen hat, gleichviel ob diese in einer und derselben[2] Ortschaft oder in verschiedenen Orten bestehen. HGB. § 50 Abs. 3 findet aber nur auf „Niederlassungen" Anwendung; an einem Orte besteht nur dann eine Niederlassung, wenn von ihm aus das Gewerbe geleitet wird (sei es auch in Unterordnung unter eine Oberleitung: Zweigniederlassung im Gegensatz zur Hauptniederlassung). Ob eine Niederlassung vorliegt, wird besonders[3] dann genau geprüft werden müssen, wenn am Orte der Hauptniederlassung eine von dieser räumlich getrennte Nebenstelle mit nur relativ verschiedener Firma besteht; diese kann nur dann einen auf ihren Betrieb beschränkten Prokuristen erhalten[4] und ist nur dann von der Vertretungsmacht des Prokuristen der Hauptniederlassung ausnehmbar, wenn sie sich nicht als bloße von der Hauptniederlassung aus geleitete Betriebstelle,[5] sondern als eine mit gewisser Selbständigkeit ausgestattete Unterleitungsstelle betrachten läßt.[6] Nur im letzteren Falle geht sie nicht in der Hauptniederlassung auf.

---

[1] Nicht erfordert ist zur Wirksamkeit solcher Anordnung, daß sie ausdrücklich erfolgt sei.

[2] Begrifflich ist nicht ausgeschlossen, daß am Orte der Hauptniederlassung eine Zweigniederlassung besteht: Goldmann I S. 51; Lehmann-R. I S. 60; Staub I S. 93. Nur völlige Firmengleichheit beider Niederlassungen ist durch § 30 HGB. ausgeschlossen.

[3] Aber nicht nur in diesem Falle; beachte die übernächste Anmerkung. Nur liegen hier die Zweifel besonders nahe, da am Orte der Hauptniederlassung regelmäßig eine Zweigniederlassung nicht besteht; vgl. Lehmann-R. I S. 60.

[4] Richtig Borger S. 57.

[5] Eine solche kann ebensogut an einem mit dem Orte der Hauptniederlassung nicht zusammenfallenden Orte bestehen.

[6] Sehr gut läßt sich das an den Verhältnissen der Reichsbank er-

Einer Auslegung der Vorschrift des HGB. § 50 Abs. 3 Satz 2 dahin, „daß sie eine unselbständige Geschäftsstelle für den Fall der Prokuristenbestellung, bloß weil sie eine vom Hauptgeschäft relativ verschiedene Firma führt, zu einer Zweigniederlassung im Rechtssinne erheben könnte (BORGER S. 57)", läßt das Gesetz, da es stets eine „Niederlassung" verlangt, keinen Raum.[1]

3. Beachtung verdient folgende Bemerkung GOLDMANNS (I S. 230): Ohne die Vorschrift des HGB. § 50 Abs. 3 Satz 2 sei es den Handelsgesellschaften nicht möglich, für ihre einzelnen Niederlassungen besondere auf sie beschränkte Prokuristen zu ernennen, da alle von einer Gesellschaft betriebenen Handelsgewerbe unter einer Firma gehen müßten (GOLDMANN I S. 83ff., 96, LEHMANN-R. I S. 80, STAUB I S. 210; anders MAKOWER I S. 98), also bei ihnen nur relativ (nie absolut) verschiedene Firmen für die einzelnen Niederlassungen möglich seien.

4. Insoweit sich aus dem Vorstehenden die Zulässigkeit ergibt, für eine Zweigniederlassung einen auf deren Betrieb beschränkten Prokuristen zu bestellen, ist es auch zulässig, den Betrieb dieser Zweigniederlassung von der Vertretungsmacht des Prokuristen der Hauptniederlassung auszuschließen[2] und umgekehrt.

III. Auch die nach HGB. § 50 Abs. 3 Satz 2 ausnahmsweise zulässige Beschränkung des Prokuristen auf eine von mehreren Niederlassungen stellt im wesentlichen keine Beschränkung des Umfangs der Prokura dar: Auch ein nach HGB. § 50 Abs. 3 Satz 2 „beschränkter" Prokurist ist zu allen Rechtshandlungen ermächtigt, die der Betrieb irgend eines Handelsgewerbes mit sich bringen kann, auch seine Vertretungsmacht ist der Erweiterung wie der Beschränkung durch Rechtsgeschäft unzugänglich. Daß

---

läutern: An ihrem Sitz Berlin sind Zweigniederlassungen (Reichsbankhauptstellen, Reichsbankstellen) denkbar und vorhanden; ein Prokurist kann unter Beschränkung auf eine solche Zweigniederlassung bevollmächtigt werden. Anders bei den Reichsbanknebenstellen; diese können als bloße Betriebsorte keinen auf ihren Betrieb beschränkten Prokuristen erhalten, bilden vielmehr mit derjenigen Niederlassung eine Einheit, von der aus sie geleitet werden. Vgl. Reichsbankgesetz vom 14. März 1875 §§ 12, 38.

[1] Richtig BORGER S. 57.

[2] BORGER S. 58; GOLDMANN I S. 230.

er nur für diejenige Firma Vertretungsmacht hat, für die er bestellt ist, unterscheidet ihn nicht von anderen Prokuristen; beschränkt wird durch HGB. § 50 Abs. 2 Satz 2 nicht der Umfang der Prokura, sondern der Betrieb des Handelsgewerbes wird, sei es auch nur in Ansehung der Prokura, einer Zergliederung zugänglich gemacht.

Nur in einer Beziehung wird wirklich der Umfang der Prokura durch die Beschränkung auf eine von mehreren nur relativ verschieden firmierenden Niederlassungen beeinträchtigt: Der auf eine Hauptniederlassung beschränkte Prokurist wird ebensowenig,[1] wie der auf eine Zweigniederlassung beschränkte, ermächtigt sein, Zweigniederlassungen zu begründen, (worauf sich sonst — vgl. oben § 5 I a — seine Vollmacht erstrecken würde).

IV. Nach innen[2] kommt natürlich auch denjenigen Beschränkungen des Prokuristen auf eine von mehreren Niederlassungen Wirksamkeit zu, denen sie nach vorstehendem für das Verhältnis zu Dritten versagt ist; der Inhaber mehrerer völlig gleich firmierender Niederlassungen kann seinen Prokuristen verpflichten, von der ihm erteilten Prokura nur für eine dieser Niederlassungen Gebrauch zu machen.

§ 11.

Anordnung einer Gesamtvertretung.

I. Von der Gesamtprokura[3] handelt HGB. § 48 Abs. 2. Danach ist zulässig, mehreren Personen derart Prokura zu erteilen, daß sie nur in Gemeinschaft Vertretungsmacht haben. In dieser Bindung des einen Gesamtprokuristen an die Mitwirkung des anderen, die sich übrigens in einer für den Dritten erkennbaren

---

[1] Borger S. 58; Lehmann-R. I S. 134.

[2] Borger S. 58 ff.

[3] Im folgenden wird vorausgesetzt, daß eine Gesamtprokura gültig angeordnet sei; es braucht daher nicht auf die Frage eingegangen zu werden, ob für oder gegen das Vorliegen einer Gesamtprokura eine Vermutung besteht. Hierüber siehe Allfeld I S. 251; Behrend I S. 368; Goldmann I S. 223.

Weise vollziehen muß,[1] wollen manche eine gesetzlich zugelassene Beschränkung des Umfangs der Prokura sehen. Zu Unrecht! Denn die Gesamtprokura ermächtigt — wie die gewöhnliche Prokura — zu allen Rechtshandlungen, die der Betrieb irgend eines Handelsgewerbes mit sich bringen kann; sie unterscheidet sich von der gewöhnlichen Prokura nur dadurch, daß sie getragen wird nicht von einer physischen Einzelperson, sondern von einer Personenmehrheit, die rechtlich befähigt ist, durch Willensübereinstimmung und deren Erklärung einen Gesamtwillen zu bilden und zu erklären: Der erklärte[2] Gesamtwille hat dann dieselbe Wirkung für den Vertretenen, wie sie dem erklärten Willen einer mit Prokura ausgestatteten Einzelperson eignet.

Sonach erhellt, daß im Falle der Gesamtprokura eine objektive Beschränkung der Prokura nicht vorliegt;[3] beschränkt in der Ausübung der Prokura sind nur die Gesamtprokuristen, d. h. die zur Bildung des Gesamtwillens berufenen Einzelpersonen. Aber ihnen ist ja Prokura überhaupt nicht erteilt,[4] sondern nur ihrer einigen Gesamtheit,[5] so, daß als Träger einer gewöhnlichen Prokura ein von den Personen der Gesamtprokuristen gesondertes, aus diesen sich zusammensetzendes Rechtssubjekt[6] erscheint.

---

[1] Goldmann I S. 223. Bloß interne Zustimmung reicht nicht aus: v. Hahn I S. 245ff.; JW. 27 S. 164ff.; Lehmann-R. I S. 133; Makower I S. 334; Staub I S. 206; Stegmann S. 42. Ausdrücklichkeit ist natürlich nicht gefordert: Allfeld I S. 250; Behrend I S. 368; Düringer I S. 176; Makower I S. 334; Heintz S. 18; ROHG. 17 S. 402.

[2] Gleichzeitigkeit der Erklärungen ist nicht erfordert. Düringer I S. 176; Goldmann I S. 223.

[3] Bie S. 14; Düringer I S. 179; Fittig S. 45ff.; Goldmann I S. 229; Heintz S. 17ff.; Lehmann-R. I S. 133; Slaub I S. 210, vgl. S. 206, 403; Thöl I S. 191; RG. 40 S. 17ff. So wohl auch Wendt bei Endemann I S. 285. Anders Allfeld I S. 251; Cosack S. 107; Gareis S. 105.

[4] Richtig Allfeld I S. 250. Das hindert nicht, daß der Gesamtprokurist in sonstigen Beziehungen vom Gesetz als Prokurist behandelt wird.

[5] Vgl. v. Hahn I S. 245: „Die Kollektivprokura ist nicht so aufzufassen, als ob sie aus mehreren Prokuren bestehe, deren jede für sich beschränkt sei, welche aber sich gegenseitig ergänzten, so daß hier eine Ausnahme von Art. 43 vorläge. Die Kollektivprokura ist vielmehr eine einige."

[6] Aber auch nur in Ansehung der Vertretung hat der Verband der Gesamtprokuristen die Eigenschaft eines Rechtssubjekts. Richtig Bie S. 13; vgl. Gierke bei Holtzendorff-Kohler I S. 921.

Beachtet man dies, so kann man auch eine subjektive Beschränkung[1] nicht in der Anordnung einer Gesamtprokura sehen.

Der Umstand, daß nicht der einzelne, sondern ein von den einzelnen getrenntes Rechtssubjekt Träger der Prokura ist, stellt ferner außer Zweifel, daß auch bei Gefahr im Verzuge[2] der einzelne Gesamtprokurist als solcher nicht mit Wirkung für den Erteiler der Gesamtprokura handeln kann, daß aber andererseits jeder Gesamtprokurist von der Gemeinschaft der Gesamtprokuristen mit einer Handlungsvollmacht oder einer Vollmacht des bürgerlichen Rechts ausgestattet werden kann.[3]

Die Rechtssubjektivität des Gesamtprokuristenverbandes schließt nicht aus, eine Erklärung oder Zustellung als vom Prokuraträger empfangen, gewisse Umstände (ein Kennen oder Kennenmüssen) als bei ihm vorliegend anzusehen, die nur einer der Gesamtprokuristen empfangen hat, bzw. die nur in der Person eines der Gesamtprokuristen gegeben sind.[4] Es muß vielmehr in Analogie von HGB. §§ 125, 232 und § 35 des Reichsgesetzes vom 20. April 1892 als genügend angesehen werden, wenn die Erklärung einem der Gesamtprokuristen gegenüber abgegeben wird;[5] gleiches gilt für Zustellungen, die nur an einen der Gesamtprokuristen erfolgt sind:[6] Die passive Natur des Erklärungs- und Zustellungsempfangs ermöglicht eine solche Abweichung[7] vom

---

[1] Eine solche nimmt an Bie S. 14.

[2] Richtig Allfeld I S. 250; v. Hahn I S. 246.

[3] BGB. § 181 steht nicht entgegen; vgl. Makower I S. 171 und Zitate, auch Stegmann S. 51. Nicht zu verwechseln damit ist die Substitution des einen für den anderen Gesamtprokuristen; diese ist ebenso unzulässig wie die Substitution einer dritten Person. Richtig Bie S. 34; vgl. Allfeld I S. 250; Bolze 4 S. 249; Wendt bei Endemann I S. 285; ROHG 17 S. 402.

[4] Staub I S. 206 drückt das so aus: „Sie (sc. die Gesamtprokura) bezieht sich ... nur auf Stellvertretung im Handeln.“

[5] Richtig Bie S. 46; Düringer I S. 176; Goldmann I S. 224; Lehmann-R. I S. 133; Makower I S. 171; Staub I S. 206; RG. 53 S. 230 ff.

[6] Das Recht 5 S. 519 (Nr. 2133); Lehmann-R. I S. 133; Makower I S. 171; OLGRspr. 3 S. 122; Staub I S. 207.

[7] Die übrigens auch aus ihren engen Beziehungen zu den nachstehend entwickelten Rechtssätzen von der Bedeutung einer Kenntnis oder fahrlässigen Nichtkenntnis auf Seiten eines der Gesamtprokuristen folgt.

Erfordernis der Gemeinschaftlichkeit. Hinsichtlich des Kennens oder Kennenmüssens[1] von Tatsachen aber ergibt sich die Notwendigkeit, diesen Umständen schon im Falle des Vorliegens bei einem der Gesamtprokuristen dem Vertretenen gegenüber Wirksamkeit zuzuerkennen, aus der Beteiligung jedes einzelnen Gesamtprokuristen an der Willensbildung der Gemeinschaft: Der Gesamtprokurist ist zwar nicht selbständiger Bevollmächtigter, da und insofern seine Handlung allein nicht für den zu Vertretenden wirkt, aber er handelt wie ein selbständiger Vertreter, insofern er bei der Verwirklichung sämtlicher Tatbestandsmerkmale einer Vertretungshandlung aktiv beteiligt ist; der von ihm allein gesetzte Tatbestand entbehrt mangels der Mitwirkung der anderen Gesamtprokuristen der Vertretungswirkung, aber er ist ein Tatbestand, der durch Beitritt der anderen Gesamtprokuristen sofort wirksam wird, sich also nur durch diese Beitrittsbedürftigkeit von dem durch einen Einzelprokuristen gesetzten Tatbestand unterscheidet. Mit anderen Worten: Die Tätigkeit jedes einzelnen Gesamtprokuristen umfaßt stets den ganzen Tatbestand einer Vertretungshandlung; darum bedeutet die Anwendung des Prinzipes fiktiver Identität[2] der Personen des Vertreters und des Vertretenen auf die Gesamtprokura, daß jeder der Gesamtprokuristen hinsichtlich der kraft der Gesamtprokura vorgenommenen Rechtshandlungen als mit dem Erteiler der Gesamtprokura identisch anzusehen ist. Die Wirkung also, die dem Kennen oder Kennenmüssen eines Einzelvertreters dem Vertretenen gegenüber zukommt, greift auch dann Platz, wenn das Kennen oder Kennenmüssen bei nur einem der Gesamtvertreter vorliegt.

II. Eine Kollektivvertretung kommt auch vor kraft Gesellschaftsvertrags bei der offenen Handelsgesellschaft, der Kommanditgesellschaft und der Kommanditgesellschaft auf Aktien (HGB. §§ 125 Abs. 2, 161 Abs. 2, 320 Abs. 2), mangels abweichenden Gesellschaftsvertrags bei der Aktiengesellschaft (HGB. § 232 Abs. 1) und bei der Gesellschaft mit beschränkter Haftung (§ 35 Abs. 2

---

[1] Vgl. Bie S. 46; Bolze 1 S. 264ff., 7 S. 126, 16 S. 141ff.; Düringer I S. 176; Goldmann I S. 223; Gruchot 29 S. 703ff.; Lehmann-R. I S. 133; Makower I S. 171, 331ff.; Staub I S. 206; RG. 53 S. 230ff.

[2] Vgl. oben § 1.

des Reichsgesetzes vom 20. April 1892). Überall — von der Gesellschaft mit beschränkter Haftung abgesehen — bestimmt das Gesetz ausdrücklich, daß die Gesamtvertretung der Gesellschaft dahin modifiziert werden könne, daß die Gesellschafter oder Vorstandsmitglieder, wenn nicht mehrere zusammen handeln, in Gemeinschaft mit einem Prokuristen zur Vertretung der Gesellschaft ermächtigt sein sollen (HGB. §§ 125 Abs. 3, 161 Abs. 2, 232 Abs. 2, 321 Abs. 2).

Dieses eigentümliche Rechtsgebilde soll hier kurz auf die Einwirkungen untersucht werden, die es auf den Umfang der Vollmacht eines an solcher Gesamtvertretung beteiligten Prokuristen ausübt; alles andere gehört nicht hierher. Aber selbst in dieser engen Begrenzung muß sich die Darstellung Beschränkungen auferlegen und darum von vornherein auf Vollständigkeit verzichten.

a) Es verdient Hervorhebung, daß die Anordnung einer gemischten Gesamtvertretung nicht allein eine — eventuelle — Bindung der Gesellschafter oder Vorstandsmitglieder an die Mitwirkung eines Prokuristen bedeutet, daß vielmehr jeder solche zur Mitwirkung bei der Gesamtvertretung berufene „Prokurist“ auch seinerseits die Gesellschaft nicht für sich allein, sondern nur in Gemeinschaft mit einem Gesellschafter oder Vorstandsmitgliede vertreten kann, also ein echter Prokurist überhaupt nicht ist: Er stellt sich als Abart eines Gesamtprokuristen dar; Gesamtprokurist kann er gleichzeitig sein.[1] Eine Auslegung dahin, nur den Gesellschafter oder das Vorstandsmitglied an die Mitwirkung eines Prokuristen, nicht aber diesen an die Mitwirkung des Gesellschafters oder Vorstandsmitgliedes für gebunden anzusehen, entspricht dem vernünftigen Sinne des Gesetzes nicht.[2]

b) Da die Rechtsstellung eines zur Teilnahme an der gemischten Gesamtvertretung berufenen Prokuristen der eines Gesamtprokuristen gleicht, können unbedenklich die oben sub I gegebenen Ausführungen hierher übertragen werden. Ihre entsprechende Anwendung ergibt insbesondere, daß die Bindung des Prokuristen an die Mitwirkung eines gesetzlichen Gesellschafts-

---

[1] Zu eng Düringer I S. 179; Staub I S. 210.

[2] Gut Düringer I S. 179; Staub I S. 210; vgl. S. 403ff., 698ff.

vertreters eine Beschränkung des Prokuraumfangs nicht enthält.[1] Vielmehr ist auch hier der mit Gesamtvertretungsmacht ausgestattete Prokurist gar nicht Träger einer echten Prokura, sondern Mitglied eines mit bestimmter Vertretungsmacht begabten, gesamthänderisch organisierten Vertretungskörpers, dem insoweit die Eigenschaft eines selbständigen Rechtssubjekts zukommt.

c) Ist man sich in dem Ergebnisse, daß die Anordnung einer gemischten Gesamtvertretung keine Beschränkung des Prokuraumfangs bedeutet, nahezu einig, so besteht um so mehr Streit darüber, ob dem vorerwähnten, aus gesetzlichen Gesellschaftsvertretern und Prokuristen zusammengesetzten Vertretungskörper eine über den Prokuraumfang hinausgehenden Vertretungsmacht eigen sei, ob also der zum Mitglied eines solchen Vertretungskörpers bestellte Prokurist zufolge dieser Bestellung zur Mitwirkung an Rechtsgeschäften befähigt sei, zu deren Vornahme die Prokura nicht ermächtigt.

Nur zwei Lösungen sind denkbar:

1. Entweder man entscheidet sich für eine Vertretungsmacht vom Umfang der Prokura.[2]

Gegen diese Auffassung beweist nichts die Argumentation STAUBS[3], der sie als unvereinbar mit der grundsätzlichen Unbeschränkbarkeit der dem Gesellschafter bzw. Vorstandsmitgliede zustehenden Vertretungsmacht hinstellt. Denn ihm ist mit BIE, S. 37 entgegenzuhalten, daß eine gemischte Kollektivvertretung nur im Falle einer Mehrheit[4] von Gesellschaftern bzw. Vorstandsmitgliedern und nur in der Weise[5] zugelassen ist, daß nicht durchweg die Gesellschaftsvertretung von einer Mitwirkung des Prokuristen abhängig ist, daß also einem jedem vertretungsbefugten Gesellschafter bzw. Vorstandsmitgliede der Weg offen

---

[1] So auch RG. 40 S. 17ff.

[2] So ALLFELD I S. 259; BIE S. 37ff.; Denkschrift S. 92; DÜRINGER I S. 179; GAREIS HGB. S. 129; MAKOWER I S. 337; STEGMANN S. 43ff.; ROHG. 8 S. 337, wohl auch FITTIG S. 34. Dagegen STAUB I S. 404 und die in Anm. 1 auf S. 57 namhaft Gemachten, auch wohl JOHOW 15 S. 96ff.

[3] STAUB I S. 404.

[4] Falsch DÜRINGER I S. 179; STAUB I S. 701.

[5] Richtig EFG. 1 S. 50ff.; STEGMANN S. 43; falsch JOHOW 15 S. 100.

steht, mit einem anderen gesetzlichen Vertreter dasjenige Geschäft, z. B. eine Grundstücksveräußerung, vorzunehmen, das er als Mitglied der gemischten Gesamtvertretung nicht vornehmen könnte.

Ist die von Staub bekämpfte Ansicht richtig, ist also der gemischte Gesamtvertretungskörper nur Träger einer Prokura, so ergibt sich aus dem oben § 9 Ausgeführten, wonach eine echte Erweiterung des Prokuraumfangs undenkbar ist, daß dem gemischten Gesamtvertretungskörper die Fähigkeit zur Vornahme derjenigen Rechtsgeschäfte fehlt, die außerhalb des Prokuraumfangs liegen.

α) Man könnte nun versucht sein, in der Berufung des Prokuristen zur Teilnahme an einer gemischten Gesamtvertretung die stillschweigende Erteilung einer gesonderten Vollmacht zur Mitwirkung bei den von der Prokura nicht umfaßten Rechtsgeschäften, z. B. bei der Veräußerung von Grundstücken, zu erblicken.[1]

Allein auch dieser Weg ist ungangbar, da das Gesetz Zusammenwirken des Gesellschafters oder Vorstandsmitgliedes mit einem Prokuristen verlangt, der gesetzliche Gesellschaftsvertreter aber überhaupt nicht in der Lage ist, ein außerhalb der Prokura liegendes Rechtsgeschäft mit einem Prokuristen vorzunehmen, da die Prokuristeneigenschaft eben jenseits des Prokuraumfangs aufhört. Jede darüber hinaus einem zum Prokuristen Bestellten zustehende Vertretungsmacht stellt sich als bloße Handlungsvollmacht oder Vollmacht des bürgerlichen Rechts dar. An einem Zusammenwirken eines gesetzlichen Gesellschaftsvertreters mit einem bloßen Bevollmächtigten läßt sich aber das Gesetz nicht genügen.

β) Aber selbst wenn man dem oben § 9 gewonnenen Ergebnisse zuwider die Erweiterung der dem gemischten Vertretungskörper zustehenden Vertretungsmacht auf das Maß der unbeschränkten Vertretungsmacht eines gesetzlichen Gesellschafts-

[1] So Staub I S. 209, vgl. S. 404 und unter Einschränkungen Gareis HGB. S. 129; Johow 15 S. 96 ff. Scheinbar ebenso Makower I S. 171, 337; vgl. aber S. 173 und oben Anm. 5 auf S. 33. Dagegen Düringer I S. 179; Fittig S. 34; Stegmann S. 45 ff.

vertreters als Erweiterung des Prokuraumfangs auffassen wollte,[1] so würde man an dem Umstande scheitern, daß sich die Vertretungsmacht eines gesetzlichen Gesellschaftsvertreters auch auf Rechtsgeschäfte erstreckt, die unstreitig ein Prokurist nie vornehmen kann[2]; Zu denken ist namentlich an das Rechtsgeschäft der Prokuristenbestellung; auf dieses kann, wie oben § 8 dargelegt worden ist, die Prokura nie ausgedehnt werden.

γ) Muß man sonach es ablehnen, der Anordnung einer gemischten Gesamtvertretung eine Sonderbevollmächtigung — mit der nichts gewonnen wäre (oben *α*) — oder organische Prokuraerweiterung — in die mindestens unter anderem die Ermächtigung zur Prokuraerteilung nicht einbezogen werden könnte (oben *β*) — zu unterstellen, so entbehrt mangels besonderer Begründung die Behauptung,[3] die Anordnung einer gemischten Gesamtvertretung enthalte ipso iure oder doch regelmäßig (präsumtiv) die Ermächtigung zur Veräußerung und Belastung von Grundstücken, jedes Haltes, da nicht einzusehen ist, warum gerade in dieser einen Beziehung bei der gemischten Gesamtvertretung der Prokuraumfang erweitert sein soll.

δ) Vielmehr untersteht die von einem Gesamtvertretungskörper getragene Prokura nicht anderen Regeln als jede sonstige Prokura. Demgemäß ist in jedem Falle besonders festzustellen, ob eine nach HGB. § 49 Abs. 2 erforderliche Ermächtigung — sei es, daß man diese als Sondervollmacht oder als Erweiterung der Prokura auffaßt — an den Prokuraträger erteilt sei oder nicht; die Tatsache der Anordnung einer gemischten Gesamtvertretung allein vermag jedenfalls darüber noch keinen Aufschluß zu geben.

2. Bringt die unter 1 wiedergegebene Ansicht den ausschließlich aus Gesellschaftern bzw. Vorstandsmitgliedern bestehenden Vertretungskörper in Gegensatz zu dem — angeblich mit minderer Macht begabten — gemischten Gesamtvertretungs-

---

[1] Vgl. Staub I S. 404; Johow 15 S. 96ff.

[2] Das übersieht Makower I S. 337.

[3] Vgl. die oben in Anm. 5 auf S. 33 Zitierten, sowie auch Goldmann I S. 227 und Johow 15 S. 96ff.

körper, so stellt die Gegenmeinung[1] letzteren dem ersteren ebenbürtig an die Seite: Der zur Teilnahme an der gemischten Gesamtvertretung berufene Prokurist erscheint infolgedessen als aus der Prokuristenstellung herausgehoben und in die eines gesetzlichen Gesellschaftsvertreters versetzt.

Diese Konstruktion scheint den Bedürfnissen des Verkehrs mehr entgegenzukommen, als die andere.[2] Da sie keine Erweiterung des Prokuraumfangs, sondern Teilnahme an einer unbeschränkten gesetzlichen Vertretungsmacht vorsieht, ist gegen sie auf Grund der oben § 9 entwickelten — eine Erweiterungsfähigkeit des Prokuraumfangs verneinenden — Grundsätze nichts einzuwenden; um eine Prokura handelt es sich hier überhaupt nicht mehr.

---

[1] Vertreten von Meyer in Seuff. Bl. 70 S. 388ff.; Borger S. 63; Kaufmann 6 S. 24; Lehmann-R. I S. 267, 468.

[2] Vgl. Düringer I. S. 179.

Inhalt.

Einleitung.

Erste Abteilung.

Der gesetzliche Umfang der Prokura.

Zweite Abteilung.

Die rechtsgeschäftliche Unbeschränkbarkeit der Prokura.

Druck von Metzger & Wittig in Leipzig.

FSC
www.fsc.org
MIX
Papier | Fördert gute Waldnutzung
FSC® C083411

Kolibri 360 GmbH
Ferdinand-Jühlke-Straße 7
99095 Erfurt, Deutschland
produktsicherheit@kolibri360.de